Navigation Sécurisée et Sécurité des E-mails

Comment Utiliser Internet Sans Se Faire Pirater — Comprend les E-mails Sécurisés, les VPN et les Outils de Navigation Privée

Par Joe Correa

Publié par Live Stronger Faster

Première édition

Table des Matières

Introduction

Dans un monde où chaque clic peut mener à une fuite de données et où chaque e-mail peut être une arnaque habilement déguisée, la navigation sécurisée et la sécurité des e-mails ne sont plus optionnelles — elles sont essentielles.

Qu'il s'agisse de consulter la météo ou de gérer votre compte bancaire, la plupart d'entre nous passent une grande partie de leur vie en ligne. Pourtant, derrière la commodité et la rapidité du monde numérique se cachent d'innombrables menaces invisibles. Un seul réseau Wi-Fi non sécurisé, un e-mail usurpé ou une extension de navigateur compromise peut ouvrir la porte au vol d'identité, au vol de données financières et à des dommages durables pour votre vie numérique.

Ce livre est votre guide pratique, sans jargon inutile, pour naviguer sur Internet avec confiance et contrôle. Que vous soyez un étudiant effectuant des recherches en ligne, un travailleur à distance gérant des données sensibles de clients, ou un retraité souhaitant simplement consulter ses e-mails en toute sécurité — ce guide est fait pour vous.

Nous allons décomposer les risques courants liés à la navigation quotidienne sur Internet et à l'utilisation des e-mails, puis vous présenter des outils simples mais puissants offrant une véritable protection. Vous découvrirez comment :

Utiliser des navigateurs axés sur la confidentialité et des paramètres sécurisés

Comprendre la différence entre HTTP et HTTPS (et pourquoi cela est important)

Identifier et éviter les sites web malveillants

Configurer et gérer des VPN afin de chiffrer votre activité Internet

Utiliser des plateformes de messagerie chiffrée pour les communications sensibles

Reconnaître et bloquer les tentatives de phishing et les pièces jointes malveillantes

Maîtriser les extensions de navigateur comme les bloqueurs de publicités, les bloqueurs de scripts et les protections de confidentialité

Utiliser intelligemment le mode navigation privée tout en comprenant ses limites

Nous aborderons également ce qu'il ne faut pas faire — ces habitudes apparemment innocentes dans lesquelles la plupart des gens tombent et qui peuvent compromettre silencieusement leur sécurité sans jamais déclencher le moindre signal d'alerte.

Vous n'avez pas besoin d'être un expert en technologie pour vous protéger en ligne. Tout ce dont vous avez besoin, c'est de vigilance, de quelques outils et de meilleures habitudes. Ce livre vous guidera à travers chaque étape.

À la fin de ce livre, vous saurez comment naviguer avec confiance, envoyer des e-mails en toute sécurité et garder plusieurs longueurs d'avance sur les cybercriminels — sans être submergé par un jargon technique compliqué.

Commençons par comprendre ce qui est réellement en jeu lorsque vous ouvrez votre navigateur ou cliquez sur un e-mail — et comment vous pouvez commencer à sécuriser votre parcours numérique dès aujourd'hui.

Chapitre 1 : Les Dangers Cachés de la Navigation Quotidienne

Chaque fois que vous ouvrez une fenêtre de navigateur — que ce soit pour consulter vos e-mails, faire des achats en ligne, lire les actualités ou regarder une vidéo en streaming — vous entrez dans un espace numérique rempli de risques invisibles. Internet est un vaste réseau interconnecté, et cette commodité s'accompagne d'une exposition permanente. Beaucoup de gens pensent que les violations de cybersécurité n'arrivent qu'aux grandes entreprises ou aux cibles de grande valeur des pirates informatiques. Pourtant, la réalité est beaucoup plus simple et plus inquiétante : les utilisateurs ordinaires sont les victimes les plus fréquentes et les plus faciles à attaquer.

Commençons par l'un des risques les plus fondamentaux mais aussi les plus négligés : les sites web que vous visitez. Chaque site collecte un certain type de données. Certaines collectes servent simplement à des analyses de performance du site. D'autres, en revanche, pratiquent un suivi agressif à travers les cookies, l'empreinte numérique du navigateur ou même des scripts malveillants. Si vous visitez un site non sécurisé (sans HTTPS dans la barre d'adresse), vos données — recherches, identifiants de connexion ou informations financières — peuvent être interceptées pendant leur transmission, surtout si vous utilisez un réseau Wi-Fi public. Pire encore, de nombreux sites hébergent des publicités cachées et des fenêtres pop-up capables de vous rediriger vers des pages de phishing, de lancer des téléchargements indésirables ou d'installer des logiciels malveillants sur votre appareil sans que vous vous en rendiez compte.

Il y a aussi les extensions de navigateur — ces petits modules complémentaires pratiques que vous installez pour bloquer les publicités, prendre des notes ou gérer vos mots de passe. Certaines sont réellement utiles, mais d'autres agissent comme des chevaux de Troie pour des logiciels espions. Elles peuvent suivre votre activité, enregistrer vos frappes clavier ou même accéder discrètement à vos identifiants bancaires. La plupart des utilisateurs ne vérifient jamais les autorisations accordées à leurs extensions, laissant ainsi des portes grandes ouvertes aux cybercriminels.

Les réseaux Wi-Fi publics représentent un autre prédateur silencieux. Dans les aéroports, les cafés ou les hôtels, la commodité du Wi-Fi gratuit a un prix : ces réseaux sont souvent non chiffrés et facilement compromis. Les cybercriminels mettent fréquemment en place de faux points d'accès Wi-Fi appelés « evil twins », qui ressemblent à des réseaux légitimes mais sont conçus pour surveiller ou détourner votre activité Internet. Une fois connecté, tout ce que vous envoyez — e-mails, mots de passe, numéros de carte bancaire — peut être intercepté, sauf si vous utilisez un VPN (réseau privé virtuel).

Un autre risque majeur est l'enregistrement automatique des mots de passe dans votre navigateur. Même si cela semble pratique, la plupart des navigateurs stockent vos identifiants avec un chiffrement faible ou parfois en texte clair, ce qui permet à des logiciels malveillants de les extraire facilement. Utiliser un gestionnaire de mots de passe dédié est beaucoup plus sécurisé.

De plus, beaucoup d'utilisateurs sous-estiment la menace du malvertising — des publicités malveillantes affichées sur des sites pourtant réputés fiables. Vous n'avez même pas besoin de cliquer dessus pour être infecté. Ces attaques, appelées téléchargements furtifs ou « drive-by downloads », exploitent des failles dans votre navigateur ou vos plugins pour installer discrètement des logiciels malveillants sur votre système.

Il existe également la menace de l'empreinte numérique du navigateur, une méthode par laquelle les sites web collectent de nombreuses informations — taille de votre écran, polices installées, type de navigateur, fuseau horaire du système et bien plus encore — afin de créer un profil unique permettant de vous identifier. Cela leur permet de vous suivre même si vous utilisez le mode navigation privée ou si les cookies sont désactivés. La plupart des gens ignorent totalement que ce niveau de suivi se déroule en arrière-plan.

Alors, que pouvez-vous faire pour vous protéger contre ces dangers cachés ?

1. Utilisez des navigateurs axés sur la confidentialité
   Passez à des navigateurs comme Brave, Firefox ou Tor, qui privilégient la protection de la vie privée. Ces navigateurs bloquent par défaut les traqueurs, les scripts et les cookies tiers.
2. Vérifiez toujours la présence du HTTPS
   Recherchez l'icône de cadenas et assurez-vous que le site utilise HTTPS avant de soumettre des informations sensibles.
3. Installez des extensions axées sur la sécurité
   Utilisez des extensions fiables comme uBlock Origin (blocage des publicités), HTTPS Everywhere (connexion chiffrée forcée) et Privacy Badger (blocage des traqueurs).
4. Utilisez intelligemment le mode privé ou navigation privée
   Ces modes empêchent le suivi local comme l'historique

du navigateur, mais ils ne vous protègent pas contre le suivi des sites web ou des fournisseurs d'accès Internet. Associez-les à un VPN pour une meilleure protection.

5. Évitez le Wi-Fi public sans VPN
   Si vous devez utiliser un réseau Wi-Fi public, activez toujours un VPN afin de chiffrer votre trafic et empêcher l'espionnage.
6. N'enregistrez pas vos mots de passe dans le navigateur
   Utilisez un gestionnaire de mots de passe chiffré comme Bitwarden, 1Password ou Dashlane.
7. Vérifiez régulièrement vos extensions de navigateur
   Passez en revue vos extensions au moins une fois par mois. Supprimez tout ce que vous n'utilisez plus ou en quoi vous n'avez pas totalement confiance.
8. Maintenez vos logiciels à jour
   Gardez votre navigateur, vos extensions et vos plugins constamment mis à jour. Les logiciels obsolètes représentent un risque de sécurité majeur.

La navigation sécurisée ne consiste pas à devenir paranoïaque — il s'agit simplement d'être informé. En comprenant les dangers quotidiens et en prenant des mesures proactives, vous pouvez naviguer sur Internet avec confiance tout en restant à l'abri des menaces.

Le Clic Qui a Tout Changé

C'était un lundi matin lorsque Lily ouvrit son ordinateur portable, prit une gorgée de café et se prépara à ce qu'elle pensait être une journée de travail normale. Elle était graphiste indépendante et travaillait depuis chez elle, utilisant constamment Internet pour rechercher des tendances, accéder aux fichiers de ses clients et gérer ses finances. Sa routine ressemblait à celle de millions d'autres personnes : ouvrir le navigateur, consulter les e-mails et peut-être commander le déjeuner sur son site préféré.

Mais ce matin-là, elle cliqua sur un lien qui changea tout.

L'e-mail semblait provenir de sa banque. Le logo était parfait. L'objet indiquait : « Activité suspecte détectée — Vérification immédiate requise ». Il contenait même son prénom. Sans réfléchir, elle cliqua sur le bouton présent dans le message, qui ouvrit une page de connexion ressemblant exactement au site de sa banque. Elle saisit ses identifiants.

Rien ne se passa.

Elle actualisa la page. Le site expira.

Pensant à un simple bug, elle reprit sa journée. Mais vingt minutes plus tard, elle reçut une alerte SMS de sa véritable banque : « Retrait important de 5 000 $ effectué ».

La panique la submergea. En ouvrant son application bancaire, elle découvrit trois transactions non autorisées qui vidaient son compte. Elle appela immédiatement sa banque. Son compte fut bloqué et une enquête fut ouverte, mais les dégâts étaient déjà faits.

Ce que Lily ignorait, c'est que l'e-mail ne venait pas de sa banque. Il s'agissait d'une attaque de phishing. Le site web sur lequel elle avait saisi ses informations était une copie presque parfaite, créée pour voler ses identifiants et les transmettre directement à un cybercriminel opérant à l'autre bout du monde.

Et ce n'était pas tout.

L'attaquant avait également installé un script malveillant enregistrant chacune de ses frappes clavier. En quelques heures, il avait obtenu l'accès à son e-mail, à son compte PayPal et même à son espace de stockage cloud. C'était un véritable détournement numérique.

Plus tard, lorsqu'un ami spécialisé en informatique vint l'aider, ils découvrirent que son navigateur contenait 17 extensions installées — dont beaucoup qu'elle ne se souvenait même pas avoir ajoutées. L'une d'elles suivait discrètement son activité et transmettait les données à des annonceurs tiers et potentiellement à des acteurs malveillants.

Pire encore, elle enregistrait ses mots de passe directement dans son navigateur. L'attaquant n'avait même pas besoin de les craquer ; il lui suffisait de les extraire grâce à un simple script. Toute sa vie numérique était restée grande ouverte.

Lily passa des semaines à réparer les dégâts — geler ses comptes, remplir des déclarations de fraude, réinitialiser ses mots de passe et déposer des rapports auprès de la police. Mais le poids émotionnel était tout aussi lourd. Elle se sentait violée, exposée et vulnérable.

Cette expérience fut un véritable électrochoc. Elle adopta Brave comme navigateur, installa uBlock Origin et Privacy Badger, commença à utiliser un VPN et transféra tous ses mots de passe dans Bitwarden. Elle supprima toutes les extensions inutilisées et apprit à reconnaître les tentatives de phishing avec un regard critique.

En repensant à cette expérience, elle réalisa à quel point des habitudes simples — enregistrer des mots de passe dans le navigateur, cliquer sur des e-mails sans vérifier l'expéditeur, ignorer les avertissements du navigateur — avaient créé la tempête parfaite.

Aujourd'hui, Lily sensibilise les autres à la sécurité numérique. Son histoire rappelle une vérité essentielle : vous n'avez pas besoin d'être une cible particulière pour devenir victime d'un pirate informatique. Parfois, un seul clic suffit.

Chapitre 2 : Comprendre les Connexions Sécurisées (HTTPS, SSL et VPN)

Lorsque vous naviguez sur Internet, l'un des aspects les plus essentiels mais aussi les plus négligés de la sécurité concerne la manière dont votre connexion est établie. La façon dont les données voyagent entre votre appareil et un site web — puis reviennent — peut soit protéger votre vie privée, soit l'exposer complètement. Ce chapitre explique ce qui rend une connexion sécurisée, comment reconnaître une connexion sécurisée ou non sécurisée, ainsi que les outils essentiels comme HTTPS, les certificats SSL et les VPN qui protègent votre activité en ligne.

Commençons par une idée fausse très répandue : beaucoup de gens pensent que parce qu'un site paraît professionnel ou se charge rapidement, il est forcément sûr. Malheureusement, ce n'est pas toujours le cas. De nombreux sites de phishing et d'arnaques imitent des sites légitimes afin de pousser les utilisateurs à saisir leurs informations personnelles. Le premier indicateur fiable d'un site sécurisé est la présence du HTTPS — et non simplement du HTTP.

Qu'est-ce que le HTTPS ?

HTTPS signifie Hypertext Transfer Protocol Secure. Il s'agit de la version chiffrée du protocole HTTP utilisé pour transférer des données entre votre navigateur et le site web que vous visitez. Le « S » à la fin indique que la communication est sécurisée grâce au chiffrement SSL/TLS. Lorsque vous voyez une icône de cadenas dans la barre d'adresse de votre navigateur, cela signifie que le site utilise HTTPS et que vos données sont transmises de manière sécurisée.

Sans HTTPS, tout ce que vous saisissez — numéros de carte bancaire, identifiants de connexion, messages personnels — peut être intercepté et lu en texte clair, surtout sur des réseaux publics. Cela signifie que des cybercriminels connectés au même réseau Wi-Fi que vous pourraient voir ce que vous tapez, téléchargez ou envoyez.

Le Rôle des Certificats SSL/TLS

SSL (Secure Sockets Layer) et son successeur TLS (Transport Layer Security) sont les technologies qui se cachent derrière HTTPS. Elles fonctionnent en chiffrant les données envoyées, en vérifiant l'identité du site web et en garantissant que vos informations ne soient pas modifiées pendant leur transmission.

Lorsqu'un site possède un certificat SSL valide, cela signifie que le propriétaire du domaine a passé une vérification d'identité auprès d'une autorité de certification. Cela ne rend pas le site totalement sûr à 100 % — les escrocs peuvent aussi acheter des certificats — mais cela ajoute une couche supplémentaire de légitimité et de sécurité.

Pour vérifier un certificat vous-même :

Cliquez sur l'icône du cadenas dans la barre d'adresse.

Affichez les détails du certificat afin de voir qui l'a émis et quand il expire.

Assurez-vous que l'adresse du site correspond exactement au domaine attendu — faites attention aux pièges subtils comme amazon.com ou google.co.

Pourquoi le Wi-Fi Public Est Particulièrement Dangereux

Les réseaux Wi-Fi publics — présents dans les aéroports, bibliothèques, cafés et hôtels — sont réputés pour être risqués. Même lorsqu'ils nécessitent un mot de passe, ils manquent souvent de chiffrement entre les appareils connectés au même réseau. Cela permet des attaques dites « man-in-the-middle » (MITM), où un pirate se place entre vous et Internet afin d'intercepter ou de manipuler le trafic.

C'est précisément là qu'un VPN (réseau privé virtuel) devient indispensable.

Qu'est-ce qu'un VPN ?

Un VPN crée un « tunnel » sécurisé et chiffré entre votre appareil et un serveur privé avant de vous connecter à Internet. Cela signifie que votre fournisseur d'accès Internet, l'administrateur du réseau local ou un pirate espionnant votre trafic Wi-Fi ne peut pas voir les sites que vous visitez, ce que vous faites ni les données que vous envoyez.

Considérez-le comme une cape d'invisibilité pour votre activité en ligne. Même si vous utilisez un réseau public compromis, le VPN masque votre véritable adresse IP et protège l'ensemble du trafic contre l'espionnage ou l'interception.

Cependant, tous les VPN ne se valent pas. Certains VPN gratuits suivent vos données et les revendent à des tiers, ce qui détruit totalement l'intérêt de leur utilisation. Il est préférable de choisir des fournisseurs fiables sans conservation de journaux (« no-log ») comme :

NordVPN

ExpressVPN

ProtonVPN

Surfshark

Quand Utiliser un VPN

Sur les réseaux Wi-Fi publics (toujours !)

Lorsque vous accédez à des informations sensibles (banque, portails médicaux, etc.)

Pour empêcher le suivi basé sur votre localisation

Pour contourner des restrictions géographiques ou la censure

Lors du téléchargement de fichiers provenant de sources inconnues

Cela dit, un VPN seul ne vous protège pas de tout. Par exemple, il ne vous empêchera pas de cliquer sur un lien de phishing ou de saisir votre mot de passe sur un faux site web. Il garantit simplement que votre connexion reste privée et chiffrée.

Liste de Vérification pour une Navigation Sécurisée

Voici une liste pratique que vous pouvez commencer à appliquer immédiatement :

N'entrez des informations sensibles que sur des sites HTTPS.

Vérifiez toujours l'orthographe exacte du domaine avant de vous connecter.

Ne faites pas confiance à un site uniquement parce qu'il semble professionnel – vérifiez le certificat.

Utilisez un VPN dès que vous êtes connecté à un réseau public ou non fiable.

Ne contournez jamais les avertissements de sécurité du navigateur comme « votre connexion n'est pas privée ».

Activez le DNS over HTTPS (DoH) dans votre navigateur ou système d'exploitation pour empêcher l'espionnage au niveau DNS.

Utilisez des fournisseurs DNS axés sur la sécurité comme Cloudflare (1.1.1.1) ou Google DNS (8.8.8.8).

Internet n'est pas intrinsèquement dangereux, mais la confiance aveugle l'est. Lorsque vous comprenez comment fonctionne votre connexion et prenez les bonnes précautions, vous reprenez le contrôle. Les outils existent – votre rôle est simplement de les utiliser.

Le Cadenas Qui N'Était Pas Là

Derek adorait travailler à distance. Son emploi de consultant en marketing lui offrait la liberté de voyager et de travailler depuis n'importe quel endroit disposant d'une connexion Wi-Fi. Ce matin-là, il était assis dans un charmant café parisien, dégustant un espresso tout en consultant ses e-mails et les tableaux de bord de ses clients. L'odeur des croissants flottait dans l'air. Ses doigts tapaient sur le clavier pendant qu'une musique jazz jouait doucement en arrière-plan. C'était, selon lui, l'équilibre parfait entre productivité et liberté.

Mais Derek était observé.

Pas par quelqu'un dans le café. Pas même par une personne à proximité. Mais par un cybercriminel qui s'était discrètement inséré dans sa connexion grâce à une simple attaque de type « man-in-the-middle » menée depuis l'autre côté de la rue. L'attaquant avait créé un faux point d'accès Wi-Fi nommé « LeCafe_Free_WiFi » — une copie presque parfaite du véritable réseau du café. Et Derek, comme beaucoup de personnes, avait choisi le signal le plus fort sans se poser de questions.

Quelques minutes plus tard, Derek ouvrit ce qui ressemblait au site web de sa banque afin de vérifier un récent virement bancaire. La page se chargea parfaitement. Le logo était correct. Les polices d'écriture étaient identiques. Le formulaire de connexion semblait authentique.

Mais il manquait quelque chose.

Il n'y avait aucun cadenas à côté de l'URL.

Il ne le remarqua pas. Il saisit son identifiant et son mot de passe sans y penser. En moins de cinq secondes, ses informations d'accès étaient entre les mains d'une personne ayant un contrôle total sur sa vie financière.

Ensuite, Derek visita sa plateforme CRM afin de consulter les campagnes publicitaires de ses clients. Une fois encore, l'attaquant — qui observait activement et redirigeait son trafic Internet — captura les données de session. Le tableau de bord sécurisé auquel Derek accédait n'était pas réel. C'était une copie clonée, remplacée rapidement par le pirate au moment exact où Derek fit sa requête. Une reproduction parfaite — sauf pour un détail essentiel : l'absence de chiffrement HTTPS.

L'erreur de Derek n'était pas de la stupidité. Il était à l'aise avec la technologie. Il utilisait l'authentification à deux facteurs, possédait des mots de passe complexes et ne cliquait jamais sur des liens suspects. Mais ce jour-là, il oublia de vérifier la présence du HTTPS. Il ne réalisa pas à quel point il était vulnérable sur un réseau Wi-Fi public. Et il n'avait jamais utilisé de VPN.

Le soir même, alors qu'il attendait un train, Derek reçut une alerte de sa banque : « Connexion inhabituelle détectée depuis la Biélorussie. Est-ce vous ? » Il fixa son téléphone, confus. Son cœur s'accéléra. Puis une autre alerte apparut : « Virement de 12 500 $ initié ».

La panique s'installa.

Il tenta de se connecter, mais il était déjà trop tard. Le pirate avait changé son mot de passe et activé une autre méthode de double authentification. Le service client lança une longue procédure de vérification afin de geler son compte. Mais l'attaquant avait agi rapidement — transférant des fonds, tentant d'accéder à ses comptes d'investissement et téléchargeant la liste de contacts de ses clients depuis le CRM.

Le cœur de Derek sombrait un peu plus à chaque nouvelle alerte. Sa vie professionnelle et personnelle s'effondrait en temps réel. Tout cela avait commencé à cause d'une connexion non sécurisée — quelque chose qu'il n'avait même jamais pensé remettre en question.

Il passa la semaine suivante à gérer les dégâts : déclarations de fraude, explications aux clients et installation de toutes les protections possibles. Mais la confiance qu'il avait perdue auprès de ses clients ? Cela était bien plus difficile à reconstruire qu'un simple mot de passe.

À partir de ce moment-là, Derek changea tout.

Il acheta un VPN fiable et le configura pour qu'il s'active automatiquement chaque fois qu'il se connectait à un réseau autre que celui de son domicile. Il installa HTTPS Everywhere dans son navigateur et commença à vérifier manuellement les certificats avant de saisir le moindre identifiant. Il passa à un fournisseur DNS sécurisé et activa DNS over HTTPS afin d'empêcher l'espionnage DNS. Il créa même une liste de vérification qu'il suivait chaque fois qu'il ouvrait son ordinateur portable.

Désormais, avant de se connecter au Wi-Fi, il demande toujours au personnel le nom exact du réseau. Il ne se connecte jamais à des comptes sensibles dans des lieux publics sans utiliser un VPN. Et il enseigne à ses amis et collègues comment éviter de commettre la même erreur.

La plus grande leçon ? Ce sont les petits détails qui vous piègent.

Un cadenas manquant. Un réseau non sécurisé. Un simple moment de routine qui se transforme en cauchemar numérique.

Derek n'était pas imprudent — il ne savait simplement pas ce qu'il fallait vérifier. Mais une fois qu'il l'a compris, ses habitudes ont changé pour toujours.

Chapitre 3 : Reconnaître et Éviter les E-mails de Phishing

Le phishing est la méthode la plus courante et la plus efficace utilisée par les cybercriminels pour voler des informations personnelles, des identifiants de connexion et des données financières. Malgré une sensibilisation croissante, des millions de personnes tombent encore chaque année dans des pièges de phishing. Pourquoi ? Parce que les e-mails de phishing deviennent de plus en plus intelligents, plus convaincants et meilleurs pour contourner à la fois nos défenses numériques et psychologiques.

Dans ce chapitre, vous apprendrez ce qu'est réellement le phishing, comment le reconnaître et — surtout — comment vous en protéger. Une fois que vous comprendrez les tactiques utilisées par les attaquants, vous serez capable d'identifier instantanément les signaux d'alerte et d'éviter des erreurs coûteuses.

Qu'est-ce que le Phishing ?

Le phishing est une forme d'ingénierie sociale dans laquelle un cybercriminel se fait passer pour une entité de confiance — comme votre banque, votre fournisseur de messagerie, un service de livraison ou même votre patron — afin de vous inciter à cliquer sur un lien, ouvrir une pièce jointe ou transmettre des informations sensibles. Ces e-mails sont conçus pour créer un sentiment d'urgence ou de peur afin que vous agissiez sans réfléchir.

Certains messages de phishing sont mal rédigés et faciles à repérer. D'autres sont sophistiqués, visuellement identiques à de véritables e-mails et presque impossibles à distinguer sans une attention particulière. Ces dernières années, le spear phishing (phishing ciblé) et le clone phishing (copies d'e-mails réels contenant des liens malveillants) sont devenus de plus en plus populaires, rendant les attaques encore plus difficiles à détecter.

Techniques Courantes de Phishing

Fausses Pages de Connexion

L'e-mail contient un lien vers un faux site web qui ressemble parfaitement à un portail de connexion légitime — comme votre banque, Google ou Amazon. Lorsque vous saisissez vos identifiants, ils sont récupérés par l'attaquant.

Logiciels Malveillants via Pièces Jointes

Vous recevez un PDF, un document Word ou un fichier ZIP apparemment inoffensif. Une fois ouvert, le fichier installe un logiciel malveillant ou espion sur votre appareil — parfois silencieusement.

Compromission des E-mails Professionnels (BEC)

Vous recevez un message urgent semblant provenir de votre supérieur hiérarchique vous demandant un virement bancaire ou des données sensibles. Les attaquants imitent souvent une véritable adresse e-mail ou en créent une presque identique.

Arnaques de Livraison et de Paiement

De fausses mises à jour d'expédition, rappels de factures ou confirmations de paiement vous dirigent vers des sites de phishing ou des téléchargements malveillants.

Avertissements de « Suspension de Compte »

On vous informe que votre compte sera désactivé si vous n'agissez pas immédiatement. Ces messages exploitent la peur et incluent souvent un lien destiné à « résoudre » le problème — en réalité pour voler vos identifiants.

Comment Repérer un E-mail de Phishing

Même si certains e-mails de phishing sont sophistiqués, la plupart contiennent encore des indices révélateurs. Soyez attentif aux éléments suivants :

Salutations génériques comme « Cher Client » au lieu de votre nom.

Adresses d'expéditeur inhabituelles, par exemple service@goOgle-security.com au lieu de support@google.com.

Fautes d'orthographe ou de grammaire, souvent discrètes mais révélatrices.

Langage urgent ou menaçant, comme « Votre compte sera supprimé dans 24 heures ! »

Liens suspects — passez votre souris sur le lien sans cliquer pour voir la véritable destination.

Pièces jointes inattendues — surtout si vous n'attendiez aucun fichier ou facture.

Incohérences dans les logos ou l'image de marque, comme des images déformées ou des couleurs légèrement différentes.

Bonnes Pratiques pour la Sécurité des E-mails

Maintenant que vous savez reconnaître le phishing, voici comment vous défendre :

1. Ne Cliquez Pas — Vérifiez d'Abord
   Si vous recevez un e-mail demandant des informations personnelles, ne cliquez pas sur le lien. Ouvrez un nouvel onglet de navigateur et rendez-vous directement sur le site officiel. Ne faites jamais confiance aux liens

contenus dans des messages non sollicités.

2. Utilisez des Filtres Anti-Spam et Anti-Phishing
   La plupart des services de messagerie proposent une protection contre le phishing. Assurez-vous qu'elle est activée. Des services comme Gmail et Outlook filtrent déjà beaucoup de menaces, mais rien n'est parfait.
3. Activez l'Authentification à Deux Facteurs (2FA)
   Même si quelqu'un vole votre mot de passe, il sera bloqué sans accès à votre seconde méthode d'authentification. Privilégiez les applications d'authentification comme Google Authenticator plutôt que les SMS lorsque cela est possible.
4. Signalez les E-mails Suspects
   Marquez les e-mails de phishing comme spam et signalez-les à votre fournisseur de messagerie. Si le message prétend provenir d'une entreprise légitime, transférez-le à leur service fraude.
5. Formez-vous et Formez Votre Équipe
   Si vous dirigez une entreprise, assurez-vous que votre équipe sache identifier les e-mails de phishing. Une seule erreur peut compromettre toute l'organisation.
6. Évitez de Télécharger des Pièces Jointes Inconnues
   Ne téléchargez jamais de pièces jointes provenant de sources inconnues ou non vérifiées. Même les fichiers PDF peuvent être utilisés comme armes.

7. Ne Répondez Pas aux E-mails de Phishing
   Répondre à un e-mail de phishing confirme que votre adresse est active et peut faire de vous une cible encore plus importante.

Outils Avancés pour la Protection des E-mails

Si vous souhaitez une protection supplémentaire, envisagez ces solutions :

Mailwasher ou SpamTitan : filtrent les messages entrants pour détecter les logiciels malveillants et le phishing.

Passerelles E-mail Zero Trust : utilisées par les entreprises pour analyser chaque pièce jointe et chaque lien.

Clés de sécurité physiques (YubiKey, Titan Key) : appareils physiques pour une authentification forte à deux facteurs.

Réflexion Finale

Les attaques de phishing fonctionnent non pas parce que la technologie est supérieure, mais parce qu'elles exploitent la nature humaine — la peur, l'urgence et le désir d'aider ou d'obéir. Une fois que vous retirez la réaction émotionnelle et la remplacez par de la vigilance et de la prudence, le phishing devient beaucoup moins efficace.

La prochaine fois que vous recevrez un message inattendu vous demandant de cliquer sur quelque chose ou de « vérifier » votre compte, arrêtez-vous. Respirez. Passez votre souris sur les liens. Vérifiez l'expéditeur. Et en cas de doute, rendez-vous directement à la source.

« Cliquez Ici pour Éviter la Suspension »

Jasmine venait de revenir de déjeuner lorsqu'elle aperçut un e-mail marqué en rouge en haut de sa boîte de réception avec l'objet : « Action requise : Votre compte sera suspendu dans 24 heures. »

Son estomac se noua.

Elle utilisait ce service de stockage cloud depuis des années — il contenait tout, des documents fiscaux aux photos personnelles. L'e-mail semblait légitime. Le logo était net. La mise en page était propre. Son nom figurait dans la salutation. Et surtout, le message contenait ce dangereux mélange d'urgence et d'autorité.

Le message disait :

« Chère Jasmine, Nous avons détecté une activité suspecte sur votre compte et, par précaution, avons temporairement restreint l'accès. Veuillez vérifier immédiatement vos identifiants afin d'éviter une suspension permanente. Cliquez ici pour résoudre ce problème maintenant. »

Elle cliqua. Une page de connexion s'ouvrit.

Les couleurs étaient identiques à celles de son portail habituel. L'adresse URL ressemblait fortement à l'originale — mais avec une seule lettre différente. Elle ne le remarqua pas. Ses doigts bougèrent rapidement. Elle saisit son adresse e-mail et son mot de passe puis appuya sur Entrée.

La page se rafraîchit puis la redirigea vers le véritable écran de connexion.

Confuse, Jasmine pensa que le problème était résolu ou qu'il s'agissait simplement d'un bug. Elle referma son ordinateur portable et reprit son travail.

Mais en arrière-plan, ses identifiants étaient déjà utilisés. L'attaquant se connecta à son compte depuis une adresse IP au Vietnam. Une fois à l'intérieur, il commença à télécharger des documents personnels, exporter des photos et rechercher des informations précieuses pour le vol d'identité : scans de passeport, anciennes déclarations fiscales et un PDF intitulé « Préapprobation de Prêt Immobilier ».

Le lendemain matin, Jasmine reçut un autre e-mail — mais

cette fois de son véritable fournisseur de stockage cloud. Il indiquait que son compte avait été connecté depuis plusieurs emplacements étrangers et que l'accès avait été temporairement désactivé en raison d'une activité suspecte.

C'est à ce moment-là qu'elle comprit.

Le premier e-mail était une arnaque.

Paniquée, elle contacta le service client et passa une heure à vérifier son identité afin de reprendre le contrôle de son compte. À ce moment-là, certains de ses fichiers avaient déjà été copiés. L'entreprise confirma la violation, lui proposa des recommandations et présenta ses excuses. Mais elle ne pouvait pas effacer ce qui s'était déjà produit.

Au cours des semaines suivantes, Jasmine dut gérer les conséquences : changer les mots de passe de tous ses comptes liés, mettre en place une surveillance de crédit et même geler son dossier de crédit après qu'une personne eut tenté d'ouvrir une carte de magasin à son nom. Elle était épuisée — et en colère contre elle-même.

Le pire ? Tout cela aurait pu être évité.

Plus tard, avec l'aide d'un consultant en cybersécurité, elle apprit à reconnaître les signes qu'elle avait ignorés :

L'adresse de l'expéditeur était accounts@storageline-security.com et non le domaine officiel de son fournisseur.

Le lien la dirigeait vers storagelne.com (avec un « l » à la place du « i »).

Le site ne possédait aucun cadenas et n'utilisait pas HTTPS.

Le ton du message reposait sur l'urgence et la peur — une technique classique d'ingénierie sociale.

Après cet incident, Jasmine devint extrêmement vigilante avec sa boîte de réception. Elle installa une extension de filtrage des e-mails, commença à utiliser un gestionnaire de mots de passe avec des identifiants aléatoires et activa l'authentification à deux facteurs sur tous les comptes importants.

Elle adopta également une nouvelle règle : ne jamais cliquer sur les liens contenus dans les alertes e-mail — toujours se rendre directement sur le site web officiel.

L'histoire de Jasmine est loin d'être rare. Les e-mails de phishing ne trompent pas uniquement les personnes négligentes — ils piègent chaque jour des individus occupés, intelligents et bien intentionnés. Parce qu'ils sont conçus non pas pour franchir des pare-feu, mais pour manipuler l'esprit humain.

Aujourd'hui, lorsqu'une personne lui transfère un e-mail étrange en demandant : « Est-ce que ça semble légitime ? », elle sait exactement quoi faire. Elle vérifie l'adresse de l'expéditeur, passe sa souris sur les liens, analyse le ton du message et examine attentivement le domaine. Ce qui lui paraissait autrefois complexe et technique est devenu naturel.

Elle ne panique plus. Elle enquête.

Parce qu'une fois que vous avez été victime d'une attaque de phishing, vous ne regardez plus jamais votre boîte de réception de la même manière.

Chapitre 4 : Maîtriser les Outils et Paramètres de Confidentialité du Navigateur

Votre navigateur est votre passerelle vers Internet — mais il peut aussi devenir votre plus grande vulnérabilité. Chaque site web que vous visitez, chaque formulaire que vous remplissez et chaque clic que vous effectuez peuvent être suivis, enregistrés et exploités si vous n'utilisez pas les bons outils et paramètres. Heureusement, les navigateurs modernes intègrent une variété de fonctionnalités natives et d'extensions conçues pour protéger votre confidentialité et votre sécurité. La clé consiste à savoir lesquelles utiliser — et comment les utiliser correctement.

Dans ce chapitre, vous apprendrez comment transformer votre navigateur d'une source potentielle de fuite de données en un puissant bouclier pour une navigation sécurisée et privée. Du blocage des traqueurs à l'activation d'outils anti-empreinte numérique, nous couvrirons tout ce dont vous avez besoin pour créer une configuration de navigateur renforcée qui travaille pour vous — et non contre vous.

Étape 1 : Choisir un Navigateur Axé sur la Confidentialité

Tous les navigateurs ne se valent pas. Certains, comme Google Chrome, sont rapides et largement compatibles, mais fortement intégrés à des systèmes de collecte de données. D'autres, comme Brave, Firefox et Tor, sont conçus avec la confidentialité à l'esprit.

Voici quelques-unes des meilleures options :

Brave : bloque les publicités et les traqueurs par défaut, propose des mises à niveau HTTPS intégrées et inclut une fenêtre Tor native pour une navigation anonyme.

Mozilla Firefox : hautement personnalisable, open source, avec protection renforcée contre le pistage, outils anti-empreinte numérique et bien plus encore.

Navigateur Tor : fait transiter votre trafic via le réseau Tor pour une anonymisation maximale, bien que cela puisse ralentir la navigation. Idéal pour les utilisateurs avancés ou les activités à haut risque.

Étape 2 : Renforcer les Paramètres de Votre Navigateur

Quel que soit le navigateur choisi, il est essentiel d'ajuster ses paramètres de confidentialité et de sécurité. La plupart des navigateurs privilégient par défaut le confort d'utilisation plutôt que la protection. Voici ce qu'il faut modifier :

Désactivez les cookies tiers : ce sont les principaux outils de suivi utilisés par les annonceurs.

Désactivez le remplissage automatique des mots de passe, cartes bancaires et formulaires : ces données peuvent être détournées par des scripts malveillants.

Bloquez les fenêtres pop-up et les redirections : elles sont souvent utilisées dans les attaques de phishing et de malvertising.

Effacez l'historique et le cache à la fermeture : cela empêche les sites de vous reconnaître entre les sessions.

Activez les requêtes « Do Not Track » : elles ne sont pas toujours respectées, mais il vaut mieux les activer.

Configurez votre navigateur pour toujours utiliser HTTPS : dans Brave et Firefox, cela peut être activé dans les paramètres.

Étape 3 : Installer des Extensions de Confidentialité

L'ajout de quelques extensions essentielles peut considérablement renforcer votre protection. Les bonnes extensions bloquent les scripts malveillants, stoppent le suivi et réduisent votre empreinte numérique.

Recommandations principales :

uBlock Origin : bloqueur de publicités puissant et léger qui bloque également les domaines connus pour diffuser des logiciels malveillants.

Privacy Badger : développé par l'Electronic Frontier Foundation, il apprend progressivement à bloquer les traqueurs.

HTTPS Everywhere : force les connexions chiffrées lorsque cela est possible.

NoScript (pour utilisateurs avancés) : bloque tout JavaScript par défaut. Très sécurisé, mais peut casser certains sites web.

Decentraleyes : empêche les sites d'utiliser des réseaux de diffusion de contenu tiers pour vous suivre.

Cookie AutoDelete : supprime automatiquement les cookies inutilisés après la fermeture des onglets.

Conseil : ne surchargez pas votre navigateur avec trop d'extensions — cela peut ralentir votre système et créer de nouvelles vulnérabilités. Limitez-vous à l'essentiel.

Étape 4 : Se Protéger Contre l'Empreinte Numérique du Navigateur

Même si vous bloquez les cookies et effacez votre historique, les sites web peuvent encore vous suivre grâce à l'empreinte numérique du navigateur — une méthode permettant d'identifier votre appareil selon sa configuration unique (taille d'écran, polices installées, paramètres linguistiques, plugins installés, etc.).

Pour réduire votre empreinte numérique :

Utilisez Firefox ou Tor, qui proposent des fonctionnalités anti-empreinte numérique.

Installez CanvasBlocker (Firefox) afin d'empêcher le fingerprinting via canvas.

Évitez les extensions demandant des autorisations excessives — elles peuvent augmenter votre empreinte numérique.

Standardisez les paramètres de votre navigateur et évitez les polices personnalisées, thèmes ou extensions qui vous rendent plus unique.

Étape 5 : Utiliser le Mode Navigation Privée (Mais Comprendre Ses Limites)

La navigation privée, aussi appelée mode Incognito, est utile — mais ce n'est pas une cape d'invisibilité. Elle empêche simplement votre navigateur local d'enregistrer l'historique, les cookies et les données de formulaires. Elle ne masque pas votre adresse IP, n'empêche pas l'empreinte numérique et ne bloque pas votre fournisseur d'accès Internet de voir votre activité.

Pour renforcer votre protection pendant la navigation privée :

Associez-la à un VPN afin de masquer votre adresse IP et chiffrer votre trafic.

Utilisez des extensions de confidentialité même en mode navigation privée (vous devez généralement activer cette option dans les paramètres des extensions).

Ne supposez pas que vous êtes anonyme simplement parce qu'aucun historique n'est enregistré.

Étape 6 : Maintenir le Navigateur et les Extensions à Jour

Les cybercriminels exploitent souvent les failles présentes dans les logiciels obsolètes, y compris votre navigateur et ses extensions.

Toujours :

Activer les mises à jour automatiques.

Supprimer les extensions que vous n'utilisez plus.

Vérifier régulièrement les mises à jour manuellement, surtout pour les outils liés à la sécurité.

Habitudes Finales de Sécurité du Navigateur

Pour résumer, voici une liste de bonnes habitudes :

Utilisez un navigateur axé sur la confidentialité comme Brave ou Firefox.

Ajustez les paramètres pour bloquer les traqueurs, cookies et remplissages automatiques.

Installez des extensions essentielles comme uBlock Origin et Privacy Badger.

Soyez prudent avec les nouvelles extensions — installez uniquement celles en lesquelles vous avez confiance.

Ne cliquez pas sur des fenêtres pop-up suspectes, surtout celles annonçant « Vous avez gagné ! »

Effacez régulièrement vos données de navigation.

Évitez de vous connecter à des comptes personnels lorsque vous naviguez sur des sites risqués ou inconnus.

Votre navigateur est bien plus qu'un simple outil — c'est votre première ligne de défense dans un monde numérique dangereux. Renforcez-le, surveillez-le et utilisez-le intelligemment.

L'Extension Qui Observait Tout

Maya était chercheuse pour une organisation à but non lucratif spécialisée dans les politiques climatiques. Son travail impliquait de parcourir des centaines de sites web chaque jour, rechercher des données, télécharger des rapports et gérer des communications internes sensibles. Elle se considérait comme avertie en matière de technologie — elle utilisait des mots de passe robustes, mettait régulièrement ses logiciels à jour et avait même convaincu son équipe d'utiliser un gestionnaire de mots de passe.

Mais un jour, tout changea.

Tout commença avec une simple extension de navigateur.

Maya l'avait installée sur un coup de tête. Elle promettait de l'aider à capturer des captures d'écran de pages complètes afin d'archiver des articles — quelque chose qu'elle faisait régulièrement. L'extension possédait des centaines d'avis cinq étoiles et semblait totalement inoffensive. En quelques secondes, elle fut installée et prête à être utilisée.

Ce qu'elle ignorait, c'est que cette extension disposait d'autorisations bien plus importantes que nécessaire. Elle pouvait « lire et modifier toutes les données des sites web visités » — un niveau d'accès courant mais extrêmement dangereux. Et même si elle fonctionnait correctement pour capturer des captures d'écran, elle faisait bien plus en arrière-plan.

Au cours des semaines suivantes, l'extension suivit discrètement tous les sites visités par Maya, capturant ses frappes clavier dans les formulaires de connexion, surveillant les fichiers téléchargés et enregistrant ses recherches — notamment sur les sites d'actualités et gouvernementaux. Pire encore, elle était programmée pour reconnaître des modèles ressemblant à des adresses e-mail, mots de passe et numéros de carte bancaire, puis envoyer silencieusement ces données vers un serveur distant hébergé dans un autre pays.

La compromission n'était pas évidente. Son navigateur fonctionnait normalement. Aucun fichier ne manquait. Rien ne plantait ni ne s'affichait à l'écran. C'était une surveillance furtive — qui dura des semaines sans qu'elle s'en aperçoive.

Le premier signe apparut lorsqu'elle reçut un appel d'un journaliste qu'elle connaissait bien.

« Salut Maya, ce rapport vient-il vraiment de votre équipe ? » demanda-t-il. « Les données semblent manipulées. »

Confuse, Maya reçut du journaliste un PDF ressemblant à un rapport sur lequel elle travaillait — mais modifié. Certains graphiques avaient été remplacés et le ton du résumé laissait entendre que son organisation était partiale. Quelqu'un avait obtenu une copie du brouillon, l'avait falsifié puis transmis à la presse.

C'est à ce moment-là qu'elle commença à enquêter.

Elle lança une analyse avec son logiciel de sécurité endpoint — rien n'apparut. Mais un collègue lui suggéra d'examiner son navigateur plus en profondeur. C'est alors qu'ils découvrirent l'extension. Techniquement, ce n'était pas un malware — elle n'avait pas été signalée comme telle. Mais ses autorisations et les journaux de trafic sortant étaient extrêmement suspects.

Une analyse plus approfondie révéla que l'extension exfiltrait des données vers un serveur situé en Europe de l'Est. Les captures d'écran qu'elle réalisait ne concernaient pas uniquement des articles — elles incluaient également des liens Zoom confidentiels, des propositions politiques en phase préliminaire et même des mémos internes partagés via une plateforme web. Il s'agissait d'une grave violation de confidentialité.

Maya signala immédiatement l'incident à son superviseur. L'organisation lança une enquête interne et fit appel à une société externe de cybersécurité. Les dégâts n'étaient pas catastrophiques, mais bien réels. La confiance fut ébranlée. Maya se sentit personnellement responsable, même si elle n'avait fait que ce que des millions de personnes font chaque jour — installer une extension sans lire les détails.

Après cela, Maya changea tout.

Elle supprima toutes les extensions dont elle n'avait pas absolument besoin. Elle passa de Chrome à Firefox afin de mieux contrôler les autorisations des scripts. Elle installa uBlock Origin, Privacy Badger et HTTPS Everywhere et commença à utiliser le mode navigation privée par défaut. Elle activa les paramètres anti-empreinte numérique, désactiva le remplissage automatique et effaçait régulièrement ses cookies et son cache.

Plus important encore, elle prit désormais le temps de lire chaque demande d'autorisation — et elle enseigna à son équipe à faire de même.

Aujourd'hui, lorsqu'une personne lui recommande un nouvel outil ou une extension de navigateur, elle vérifie les avis, enquête sur le développeur et analyse les données collectées avant même d'envisager son installation.

Maya croit toujours qu'Internet peut être une force positive — mais elle sait aussi qu'il peut se retourner contre vous en un instant.

Sa conclusion ?

« Ce n'est pas parce qu'une chose est facile à installer qu'elle est sûre à utiliser. »

Et à partir de ce jour, elle devint non seulement chercheuse — mais également une gardienne vigilante de la porte numérique de son organisation.

Chapitre 5 : Chiffrement des E-mails, Plateformes Sécurisées et Bonnes Habitudes d'Envoi

L'e-mail est l'un des outils de communication les plus anciens et les plus utilisés sur Internet — mais c'est aussi l'un des plus vulnérables. Chaque jour, des personnes envoient des informations sensibles comme des numéros de sécurité sociale, des contrats juridiques, des documents financiers et des identifiants de connexion par e-mail, souvent sans y réfléchir une seconde. Pourtant, par défaut, l'e-mail n'est pas sécurisé. À moins de prendre des mesures proactives pour protéger vos messages, ceux-ci peuvent être interceptés, lus, modifiés ou même utilisés à des fins malveillantes.

Ce chapitre explique comment rendre vos e-mails plus sécurisés grâce au chiffrement, à des plateformes plus intelligentes et à des habitudes d'envoi intentionnelles. Que vous envoyiez des informations personnelles, des fichiers professionnels ou même des dossiers médicaux, ce guide vous aidera à garantir que seul le destinataire prévu puisse accéder au contenu.

Le Problème des E-mails Traditionnels

La plupart des fournisseurs de messagerie (comme Gmail, Yahoo ou Outlook) utilisent un protocole appelé SMTP (Simple Mail Transfer Protocol) pour envoyer vos messages. Bien que ces fournisseurs offrent un certain niveau de chiffrement pendant le transfert des données, cela ne signifie pas que le contenu de vos e-mails soit chiffré de bout en bout.

Cela signifie notamment :

Votre e-mail peut être stocké en texte clair sur un serveur.

Les administrateurs système ou les pirates ayant accès au serveur peuvent potentiellement lire vos messages.

Si votre e-mail est transféré ou sauvegardé sans chiffrement, il devient essentiellement exposé.

De plus, les pièces jointes comme les PDF ou les feuilles de calcul restent souvent non chiffrées — ce qui en fait des cibles faciles lors d'une violation de données ou d'une attaque de type « man-in-the-middle ».

Qu'est-ce que le Chiffrement des E-mails ?

Le chiffrement des e-mails protège le contenu de vos messages afin que seuls vous et votre destinataire puissiez les lire. Même si un pirate intercepte votre message, il ne verra qu'un texte illisible sans la clé de déchiffrement appropriée.

Il existe deux principaux types de chiffrement :

Transport Layer Security (TLS)

Il s'agit du niveau de base utilisé par la plupart des fournisseurs. Il chiffre les e-mails pendant leur transfert, mais pas nécessairement une fois qu'ils arrivent à destination.

Chiffrement de Bout en Bout (E2EE)

Ce système garantit que seuls l'expéditeur et le destinataire peuvent lire le message. Même le fournisseur de messagerie ne peut pas voir le contenu. Des outils comme ProtonMail, Tutanota ou certains plugins chiffrés pour Outlook et Gmail comme FlowCrypt proposent ce type de protection.

Fournisseurs de Messagerie Sécurisée à Considérer

Si vous envoyez fréquemment des contenus sensibles, envisagez de passer à un fournisseur intégrant le chiffrement à tous les niveaux. Ces plateformes ne se contentent pas de chiffrer les e-mails — elles suppriment également les adresses IP, bloquent les traqueurs et permettent des inscriptions anonymes.

ProtonMail (Suisse) : offre le chiffrement de bout en bout, des e-mails autodestructeurs et une cryptographie open source.

Tutanota (Allemagne) : propose un chiffrement automatique, des calendriers sécurisés et aucune publicité.

Mailfence (Belgique) : excellente alternative pour les e-mails chiffrés avec gestion intégrée des clés.

Vous pouvez toujours envoyer des e-mails chiffrés à des utilisateurs de Gmail, Outlook ou Yahoo — mais le destinataire devra parfois créer un mot de passe temporaire ou ouvrir un lien sécurisé pour lire le contenu.

Comment Chiffrer les Pièces Jointes

Même si votre plateforme de messagerie est sécurisée, les pièces jointes ne le sont souvent pas. Vous pouvez chiffrer manuellement vos documents avant l'envoi :

Utilisez 7-Zip ou WinRAR pour compresser et chiffrer les fichiers avec un mot de passe robuste.

Convertissez les documents sensibles en PDF protégés par mot de passe.

Utilisez des liens cloud chiffrés comme Proton Drive ou Google Drive avec accès restreint.

Important : n'envoyez jamais le mot de passe dans le même e-mail. Utilisez un autre canal comme un SMS ou une application de messagerie sécurisée.

Bonnes Habitudes d'Envoi

Même avec les meilleurs outils, une erreur humaine peut entraîner une fuite de données. Voici quelques pratiques essentielles à adopter :

Vérifiez Toujours les Destinataires

Confirmez toujours l'adresse e-mail du destinataire avant d'appuyer sur « envoyer ». De nombreuses violations surviennent parce qu'un fichier sensible est envoyé à la mauvaise personne, souvent à cause du remplissage automatique des contacts.

Faites Attention au « Répondre à Tous »

Les discussions sensibles ne doivent pas être partagées accidentellement avec toute une équipe. Vérifiez toujours si tous les destinataires ont réellement besoin de voir votre réponse.

Limitez le Contenu des E-mails

Évitez d'envoyer des mots de passe, numéros de sécurité sociale ou informations bancaires par e-mail. Si nécessaire, utilisez des codes, abréviations ou liens chiffrés à la place.

Utilisez des E-mails Autodestructeurs

Certaines plateformes permettent de définir une date d'expiration ou une limite de consultations. Utilisez cette fonctionnalité pour partager des informations confidentielles.

Méfiez-vous des Traqueurs Cachés

Certains e-mails marketing ou professionnels contiennent des pixels invisibles de suivi. Utilisez des extensions comme PixelBlock ou affichez les e-mails en texte brut pour les éviter.

N'Ouvrez Pas les Pièces Jointes Non Vérifiées

Confirmez toujours avec l'expéditeur — surtout si la pièce jointe semble inhabituelle ou inattendue.

Utilisation Professionnelle : E-mails Sécurisés pour les Équipes

Si vous dirigez une entreprise, vous avez la responsabilité de protéger les données de vos clients. Considérez les mesures supplémentaires suivantes :

Utilisez des services de messagerie chiffrés de niveau professionnel comme ProtonMail for Teams.

Formez vos employés à la détection du phishing et aux communications chiffrées.

Utilisez les enregistrements DKIM, SPF et DMARC pour protéger votre domaine contre l'usurpation.

Auditez régulièrement les journaux d'e-mails afin de détecter les accès non autorisés ou comportements suspects.

Réflexion Finale

L'e-mail ne sera jamais totalement invulnérable — mais avec le bon chiffrement, les bonnes plateformes et les bonnes habitudes, il peut devenir suffisamment sécurisé pour un usage quotidien et professionnel. Vous n'avez pas besoin d'être un expert en cybersécurité pour protéger vos communications. Vous devez simplement être conscient des risques, proactif et prêt à abandonner certaines mauvaises habitudes.

Votre boîte de réception n'a pas besoin d'être votre maillon faible — elle peut devenir votre première ligne de défense.

Le Transfert Qui N'Aurait Jamais Dû Arriver

Elliot était responsable des opérations dans une entreprise immobilière en pleine croissance. Ses journées étaient un tourbillon constant de documents — contrats de prêt, rapports d'évaluation, confirmations de virements et données personnelles d'acheteurs et de vendeurs. L'e-mail était le moteur de tout cela. Absolument tout passait par sa boîte de réception.

Un jeudi matin, Elliot se dépêchait d'envoyer un calendrier de clôture mis à jour à une société de titres. Dans sa précipitation, il joignit le mauvais document — un fichier contenant les données financières privées d'un autre client, y compris des copies de pièces d'identité, relevés bancaires et un contrat de vente signé. Pour aggraver les choses, il appuya sur « Répondre à tous », envoyant accidentellement ce fichier sensible à plus d'une douzaine de personnes qui n'auraient jamais dû le recevoir.

Il ne fallut que cinq minutes avant que le téléphone sonne.

« Elliot... pourquoi ai-je reçu les informations personnelles de quelqu'un d'autre dans cette conversation e-mail ? » demanda un agent immobilier confus.

Il se figea.

En ouvrant son dossier des messages envoyés et en relisant l'e-mail, son cœur s'effondra. Il venait de commettre une énorme erreur de confidentialité — une erreur pouvant entraîner des problèmes juridiques, une perte de confiance des clients et des dommages réputationnels.

Il tenta de rappeler le message, mais il était déjà trop tard. Certains destinataires l'avaient déjà ouvert. D'autres l'avaient transféré à leurs équipes. Les données n'étaient plus sous son contrôle.

Elliot passa le reste de la journée à appeler les clients, présenter ses excuses et soumettre un rapport officiel de violation au service juridique. Le responsable conformité de l'entreprise lança un audit complet. Ce qui aurait dû être un simple e-mail de trente secondes se transforma en crise d'une semaine entière.

Mais cet incident n'était pas le seul problème.

Alors que le responsable conformité examinait les communications d'Elliot, un autre problème apparut : ses e-mails n'étaient pas chiffrés. Des données sensibles étaient envoyées via des canaux non sécurisés, y compris des documents bancaires et juridiques qui n'avaient aucune protection une fois sortis du serveur.

Et ce n'était pas tout.

Ses pièces jointes étaient des PDF non chiffrés.

Il sauvegardait des contrats provisoires dans un espace cloud et partageait des liens sans expiration ni contrôle d'accès.

Sa boîte de réception contenait un e-mail de phishing sur lequel il avait failli cliquer la semaine précédente – un message ressemblant à un e-mail bancaire mais provenant en réalité d'un domaine usurpé.

L'entreprise décida d'agir rapidement. Tous les responsables durent passer à une plateforme de messagerie sécurisée avec chiffrement de bout en bout. Elliot apprit à utiliser ProtonMail, à chiffrer les pièces jointes et à protéger les fichiers sensibles avec un mot de passe avant l'envoi. Il comprit également l'importance d'utiliser un canal séparé – comme une messagerie sécurisée ou un appel téléphonique – pour transmettre les mots de passe d'accès.

À partir de ce moment-là, Elliot adopta un protocole d'e-mail strict :

Il vérifiait trois fois chaque destinataire avant d'envoyer un message.

Il cessa de sauvegarder des documents sensibles dans des dossiers cloud non sécurisés.

Il utilisa des liens expirables, limita l'accès en mode « lecture seule » et activa des restrictions de téléchargement sur tout document confidentiel.

Et il ajouta la mention « CONFIDENTIEL – NE PAS TRANSFÉRER » à chaque e-mail contenant des données client, accompagnée des avertissements approuvés par l'entreprise.

Quelques semaines plus tard, une fois la situation stabilisée, Elliot prit la parole lors de la réunion hebdomadaire de son équipe. Il partagea son expérience — non pas pour se ridiculiser, mais pour empêcher les autres de commettre la même erreur.

« Je pensais que le pire qui pouvait arriver était de cliquer sur un mauvais lien », dit-il. « En réalité, le plus grand risque, c'était moi — avec trop de confiance dans mes habitudes et pas assez de prudence dans ma façon de partager les informations. »

Aujourd'hui, Elliot est bien plus qu'un simple responsable — il est devenu un gardien de la confidentialité numérique dans une entreprise fondée sur la confiance. Et chaque e-mail qu'il envoie reflète cette responsabilité.

Chapitre 6 : Utilisation Sécurisée du Wi-Fi Public et Sécurité des Appareils Portables

Le Wi-Fi public est partout — cafés, hôtels, aéroports, centres commerciaux et même avions. Bien qu'il offre commodité et connectivité, il représente également l'un des risques de sécurité les plus dangereux pour vos données. Chaque fois que vous connectez votre téléphone, votre tablette ou votre ordinateur portable à un réseau public, vous ouvrez potentiellement une fenêtre permettant aux cybercriminels d'observer votre vie numérique.

Et les risques ne se limitent pas au Wi-Fi. La façon dont vous gérez vos appareils portables — qu'il s'agisse de la connexion automatique aux réseaux non sécurisés ou du fait de laisser votre écran déverrouillé — peut soit renforcer votre stratégie de cybersécurité, soit la compromettre totalement.

Dans ce chapitre, vous apprendrez à utiliser le Wi-Fi public en toute sécurité, à protéger vos appareils mobiles et à éviter de devenir une cible facile dans un environnement numérique très exposé.

Pourquoi le Wi-Fi Public Est Risqué

Les réseaux publics sont pratiques, mais la plupart ne sont pas chiffrés, ce qui signifie que les données qui y transitent peuvent être interceptées. Pire encore, ces réseaux peuvent être falsifiés — un attaquant peut créer un réseau imitant un véritable point d'accès (par exemple « Free_Airport_WiFi ») afin d'inciter les utilisateurs à s'y connecter.

Une fois connecté, un pirate peut :

Intercepter des identifiants de connexion et des e-mails.

Voler des cookies et des jetons de session.

Injecter des scripts malveillants dans des sites web.

Vous rediriger vers des pages de phishing.

Installer des logiciels malveillants sur votre appareil.

Même si vous consultez des sites sécurisés par HTTPS, certaines données — comme les requêtes DNS, les métadonnées de session et les téléchargements de fichiers — peuvent encore être vulnérables sans protections supplémentaires.

Comment Utiliser le Wi-Fi Public en Toute Sécurité

Pour réduire les risques, appliquez cette approche multicouche :

1. Utilisez Toujours un VPN
   Un réseau privé virtuel (VPN) chiffre tout votre trafic Internet et masque votre adresse IP. C'est votre meilleure défense sur les réseaux publics. Utilisez des fournisseurs fiables comme ProtonVPN, NordVPN ou ExpressVPN.
2. Désactivez la Connexion Automatique
   Désactivez le paramètre permettant à votre appareil de se connecter automatiquement aux réseaux ouverts. Cela vous évite de vous connecter involontairement à des points d'accès frauduleux.
3. Vérifiez le Nom du Réseau
   Demandez au personnel le nom exact du réseau. Méfiez-vous des réseaux portant des noms similaires comme « Cafe_WiFi » et « CafeFree_WiFi » — l'un d'eux peut être un piège.
4. Désactivez les Fonctions de Partage
   Désactivez les fonctions comme le partage de fichiers, le partage d'imprimantes ou la détection d'appareils lorsque vous utilisez un réseau public. Sous Windows, définissez la connexion comme « Publique » afin que ces fonctions soient désactivées automatiquement.

5. Utilisez HTTPS Partout

   Même si votre VPN échoue ou se désactive, assurez-vous que votre navigateur utilise HTTPS chaque fois que possible. Installez l'extension HTTPS Everywhere ou activez des paramètres DNS sécurisés.

6. Évitez de Vous Connecter à des Comptes Sensibles

   N'accédez pas à votre banque, à votre messagerie ou à vos portails professionnels sur un Wi-Fi public sauf en cas de nécessité absolue — et jamais sans VPN.

7. Utilisez l'Authentification à Deux Facteurs

   Même si quelqu'un vole vos identifiants, le 2FA ajoute une couche de protection essentielle. Activez-le toujours pour les comptes sensibles.

Bonnes Pratiques pour la Sécurité des Appareils Portables

Votre téléphone et votre ordinateur vous accompagnent partout — mais sont-ils réellement sécurisés ? Le vol physique n'est pas le seul danger. Les appareils peuvent être consultés, clonés ou compromis si vous ne respectez pas certaines règles élémentaires d'hygiène numérique.

Voici comment les protéger :

1. Verrouillez Vos Appareils

   Utilisez des verrouillages biométriques, des codes PIN

robustes ou des mots de passe complexes. Évitez les schémas de déverrouillage simples ou des combinaisons comme 1234 ou votre année de naissance.

2. Activez le Chiffrement Complet du Disque
   La plupart des smartphones modernes l'activent par défaut, mais vérifiez-le. Pour les ordinateurs portables, activez BitLocker (Windows) ou FileVault (Mac).
3. Maintenez les Logiciels à Jour
   Installez toujours les mises à jour de votre système d'exploitation, applications et antivirus. De nombreuses violations de sécurité exploitent des failles présentes dans des logiciels obsolètes.
4. Utilisez les Fonctions d'Effacement à Distance
   Activez « Localiser mon appareil » sur iOS ou Android et assurez-vous que l'effacement à distance est activé en cas de perte ou de vol.
5. Désactivez le Bluetooth et le NFC Lorsqu'ils ne Sont Pas Utilisés
   Ces protocoles sans fil peuvent être exploités lors d'attaques. Gardez-les désactivés sauf si vous les utilisez activement.
6. Évitez les Ports USB Publics pour la Recharge
   Ils peuvent être utilisés pour des attaques de type « juice jacking », où des logiciels malveillants sont transmis via le câble de recharge. Utilisez votre propre

adaptateur branché à une prise électrique classique plutôt qu'à un hub USB public.

Alternatives au Wi-Fi Public

Pour les professionnels qui voyagent souvent, envisagez l'utilisation de hotspots portables ou du partage de connexion mobile. Cela vous offre une connexion privée et chiffrée tout en éliminant la plupart des risques liés au Wi-Fi public.

Certaines entreprises fournissent également des pare-feux mobiles ou des routeurs VPN de voyage à utiliser dans les hôtels ou espaces de coworking. Ces outils créent un réseau personnel sécurisé même dans des environnements non fiables.

Liste de Vérification : Votre Routine de Sécurité Mobile

Toujours utiliser un VPN sur les réseaux Wi-Fi publics

Verrouiller l'écran avec biométrie ou mot de passe

Chiffrer vos appareils

Mettre régulièrement les logiciels à jour

Désactiver les fonctions sans fil inutiles

Ne jamais laisser les appareils sans surveillance dans les lieux publics

Utiliser des outils de suivi et d'effacement à distance

Installer uniquement des applications provenant des boutiques officielles

Ne pas cliquer sur des liens inconnus reçus par SMS ou applications

Sauvegarder régulièrement vos données dans un cloud sécurisé

Réflexion Finale

Votre vie numérique est portable — mais les risques le sont aussi. Que vous soyez dans un café, dans un avion, dans un espace de coworking ou à l'aéroport, votre appareil devient une cible de choix si vous n'avez pas pris les bonnes précautions.

Vous n'avez pas besoin d'éviter le Wi-Fi public. Vous devez simplement l'utiliser intelligemment.

Vos données, votre identité et votre entreprise voyagent avec vous. Assurez-vous qu'ils arrivent en toute sécurité.

Une Connexion Wi-Fi Gratuite Qui a Coûté des Milliers

Ravi venait d'atterrir à New York pour une conférence de trois jours. En tant que développeur web indépendant, il était enthousiaste — non seulement à l'idée de rencontrer des clients en personne, mais aussi de travailler à distance depuis l'hôtel, quelques cafés et peut-être même le salon de l'aéroport. Armé de son ordinateur portable, de son téléphone et de sa tablette, il pensait avoir tout sous contrôle.

Lorsqu'il arriva à l'hôtel, la réceptionniste lui remit une carte indiquant le nom du réseau Wi-Fi : « GrandMetro_Guest ». En consultant les réseaux disponibles, il vit plusieurs options mais remarqua immédiatement « GrandMetro_FreeWiFi » — et s'y connecta.

La connexion fut instantanée. Aucun mot de passe requis.

Ravi sourit et ouvrit son navigateur. Il consulta ses e-mails, se connecta à sa banque pour transférer des fonds, puis mit à jour plusieurs sites WordPress de clients. Plus tard dans la soirée, il envoya une facture via sa plateforme de gestion de projet, transmit un contrat par e-mail et alla dormir satisfait d'avoir accompli une journée de travail productive.

Mais le lendemain matin, tout commença à s'effondrer.

Sa banque l'appela. Deux retraits importants avaient été effectués — l'un de 2 500 dollars et l'autre de 4 000 dollars —

depuis une adresse IP située dans un autre pays. Son compte avait été signalé comme suspect et temporairement gelé pour enquête.

Ravi était stupéfait.

Il se précipita vers son ordinateur portable. Tout semblait normal — jusqu'à ce qu'il examine de plus près le Wi-Fi. Ce n'était pas celui imprimé sur la carte de l'hôtel. Dans sa précipitation pour se connecter, il avait rejoint un faux réseau créé par un attaquant situé à proximité. « GrandMetro_FreeWiFi » n'était pas officiel — c'était un clone destiné à capturer les identifiants de connexion et surveiller tout le trafic des appareils connectés.

Le pirate avait lancé une attaque de type « man-in-the-middle », interceptant les données de session de Ravi, volant des cookies et enregistrant les frappes clavier. Ravi avait sans le savoir livré les accès à son compte bancaire, sa messagerie, son tableau de gestion de projet et son stockage cloud — tout cela en une seule soirée.

Pire encore, l'attaquant utilisa ses identifiants pour réinitialiser le mot de passe de son e-mail. Avec le contrôle de sa boîte de réception, il accéda à tous les comptes utilisant la vérification par e-mail. Son compte Uber fut utilisé à l'étranger. L'un de ses clients lui demanda pourquoi Ravi venait d'envoyer une étrange facture demandant un paiement vers un autre compte bancaire.

Le cauchemar ne faisait que commencer.

Au cours des quarante-huit heures suivantes, Ravi tenta de bloquer l'accès à tous les comptes auxquels il pouvait penser. Il contacta sa banque. Il remplit des rapports de fraude. Il créa une nouvelle adresse e-mail, un nouveau numéro de téléphone pour l'authentification à deux facteurs et changea tous ses mots de passe. Ses clients furent compréhensifs — mais prudents. L'un d'eux suspendit tous les projets en cours jusqu'à ce que Ravi puisse garantir qu'aucune autre fuite n'aurait lieu.

Tout cela à cause d'une seule mauvaise connexion Wi-Fi.

Une fois le chaos retombé, Ravi reconstruisit sa sécurité avec un nouvel état d'esprit. Il investit dans un abonnement VPN et le configura pour qu'il s'active automatiquement chaque fois qu'il se connectait à un réseau Wi-Fi. Il installa des extensions de confidentialité, cessa d'enregistrer ses mots de passe dans son navigateur et commença à utiliser un gestionnaire de mots de passe.

Il mit également à jour les paramètres de sécurité de son ordinateur portable :

Connexion automatique au Wi-Fi ? Désactivée.

Fonctions de partage ? Désactivées.

Chiffrement des fichiers ? Activé.

Outil d'effacement à distance ? Configuré.

Transfert de données USB ? Bloqué derrière une autorisation administrateur.

Aujourd'hui, lorsqu'il voyage, Ravi ne suppose jamais qu'un réseau est sûr — peu importe son apparence officielle. Il voyage avec un hotspot portable et n'utilise les réseaux publics qu'à travers un tunnel sécurisé et chiffré.

Il répète à chaque client et freelance qu'il rencontre :

« Si c'est gratuit et ouvert, supposez que quelqu'un vous observe. Vous ignorez simplement qui. »

Ce qui lui a coûté des milliers de dollars — et presque sa réputation professionnelle — aurait pu être évité avec un peu de prudence et les bons outils.

Et maintenant ? Ravi ne prend plus aucun risque avec le Wi-Fi public. Il considère chaque appareil comme une clé donnant accès à sa vie — parce que c'est exactement ce que c'est.

Chapitre 7 : Éviter les Liens Malveillants, les Fenêtres Pop-up et les Téléchargements Dangereux

Chaque seconde, des milliers de cyberattaques sont lancées sur Internet — et beaucoup commencent par une seule action simple : un clic. Cliquer sur un lien malveillant, une fenêtre pop-up trompeuse ou un téléchargement déguisé peut entraîner des conséquences dévastatrices — allant d'une infection par logiciel malveillant jusqu'au vol complet d'identité.

Ce qui rend ces attaques si dangereuses, c'est leur apparence ordinaire. Une fenêtre pop-up vous avertissant d'un « virus sur votre ordinateur », une notification du navigateur indiquant que « votre lecteur Flash est obsolète » ou une pièce jointe intitulée « Resume.pdf » — tout semble inoffensif, voire utile. Mais derrière cette apparence se cache une tentative de vous pousser à inviter le danger directement sur votre appareil.

Ce chapitre vous montrera comment reconnaître, éviter et contrer ces pièges numériques — avant qu'un seul clic ne provoque des dommages irréversibles.

Comprendre Comment les Attaques Commencent

Les pirates informatiques et cybercriminels n'ont plus besoin de forcer l'entrée dans votre système à l'aide d'attaques techniques complexes. Aujourd'hui, ils s'appuient principalement sur l'ingénierie sociale — manipuler les individus afin qu'ils effectuent eux-mêmes l'action dangereuse.

Les points d'entrée les plus courants incluent :

Les liens de phishing dans les e-mails, SMS et messages privés sur les réseaux sociaux.

Les fenêtres pop-up malveillantes sur des sites douteux ou apparemment légitimes.

Les faux boutons de téléchargement sur les sites de partage de fichiers ou de logiciels.

Les téléchargements furtifs (« drive-by downloads »), qui installent des logiciels malveillants simplement en visitant un site infecté — sans aucun clic.

Les fausses mises à jour logicielles qui sont en réalité des chevaux de Troie.

Le détournement des notifications du navigateur, où des sites trompeurs vous incitent à autoriser des notifications qui vous bombardent ensuite de liens dangereux.

Le point commun entre toutes ces attaques ? Elles nécessitent une interaction de votre part. C'est pourquoi la vigilance est votre arme la plus puissante.

Comment Identifier les Liens Malveillants

Même des utilisateurs expérimentés peuvent être trompés par des liens convaincants. Voici comment vous protéger :

1. Passez la Souris Avant de Cliquer
   Passez toujours votre souris sur un lien afin de voir sa véritable destination, généralement affichée en bas à gauche du navigateur. Si le lien semble étrange ou ne correspond pas au contexte (par exemple bit.ly/4x9gz au lieu de bankofamerica.com), ne cliquez pas.
2. Surveillez les Fautes et Faux Domaines
   Les cybercriminels créent souvent des domaines presque identiques aux vrais :

google.com

paypaI.com (avec un « I » majuscule au lieu d'un « L »)

micr0soft-support.net

3. Évitez les Liens dans les Messages Suspects
   Même si le message provient d'une personne connue, ne faites jamais confiance aveuglément aux liens — surtout

si le message semble inhabituellement court, générique ou hors contexte. Son compte pourrait être compromis.

4. Utilisez des Analyseurs de Liens

   Des outils comme VirusTotal, Google Safe Browsing ou Norton Safe Web permettent de coller un lien afin de vérifier s'il est signalé comme malveillant.

Se Défendre Contre les Pop-ups et Redirections

Les fenêtres pop-up sont célèbres pour diffuser des messages alarmants comme :

« Votre ordinateur est infecté ! Cliquez ici pour le réparer. »

Il s'agit de tactiques de peur. Cliquer dessus mène souvent à des installations de logiciels malveillants, des arnaques de faux support technique ou des pages de phishing.

Conseils :

Ne cliquez jamais à l'intérieur d'une pop-up suspecte — même les boutons « Annuler » ou « X » peuvent déclencher des actions.

Utilisez le gestionnaire des tâches du navigateur ou forcez la fermeture de la page.

Activez le bloqueur de pop-ups de votre navigateur.

Évitez les sites qui déclenchent fréquemment des pop-ups (torrent, jeux d'argent, contenu adulte ou faux sites de quiz).

Certains sites utilisent des scripts de redirection afin d'envoyer automatiquement les utilisateurs vers des pages malveillantes. Ces redirections peuvent être déclenchées par des publicités infectées, des plugins compromis ou des scripts intégrés intentionnellement au site.

Des outils comme uBlock Origin et Privacy Badger peuvent bloquer beaucoup de ces menaces avant même leur chargement.

Comment Télécharger des Fichiers en Toute Sécurité

L'une des stratégies d'attaque les plus courantes consiste à cacher des logiciels malveillants dans des fichiers téléchargeables. Ils peuvent être déguisés en :

PDF

Documents Word ou Excel

Archives ZIP/RAR

Installateurs de logiciels

E-books ou modèles « gratuits »

Habitudes de Téléchargement Sécurisées :

Téléchargez uniquement depuis des sources fiables. Évitez les boutiques d'applications non officielles ou tierces. Rendez-vous directement sur les sites des éditeurs.

Vérifiez les extensions de fichiers. Les fichiers se terminant par .exe, .bat, .scr ou .js sont exécutables et peuvent contenir du code dangereux. Méfiez-vous sauf si vous savez exactement ce que vous ouvrez.

Analysez les fichiers avant ouverture. Utilisez un antivirus ou des outils comme VirusTotal pour vérifier les fichiers.

Méfiez-vous des faux boutons « Télécharger ». Certains sites affichent de gros boutons qui sont en réalité des publicités menant à des logiciels malveillants.

Désactivez les aperçus automatiques des fichiers dans les clients e-mail. Certains fichiers malveillants peuvent exécuter du code dès l'aperçu.

Outils Avancés de Protection

Pour vous protéger contre ces menaces, envisagez les solutions suivantes :

Outils d'Isolation du Navigateur (comme BitBox ou Island) : créent un environnement sécurisé où les contenus web risqués ne peuvent pas affecter votre système réel.

Filtres Web : outils comme Cisco Umbrella ou Cloudflare Gateway qui bloquent l'accès aux domaines malveillants.

Protection Endpoint : antivirus avancés intégrant des analyses comportementales et pas seulement des signatures connues.

Règles Finales à Retenir

Ne faites confiance à aucun lien, téléchargement ou pop-up avant de l'avoir vérifié.

Ce n'est pas parce qu'un site paraît professionnel qu'il est sûr.

Ne téléchargez jamais de logiciels piratés ou crackés — ils contiennent souvent des malwares.

Maintenez votre navigateur, vos plugins et votre système d'exploitation à jour afin de corriger les failles de sécurité.

Méfiez-vous de l'urgence : « Cliquez maintenant ! » est généralement un signal d'alerte.

Réflexion Finale

Les cybercriminels n'ont pas besoin de forcer l'entrée — ils ont simplement besoin que vous les laissiez entrer. Un mauvais lien. Un mauvais clic. Un téléchargement imprudent. Cela suffit.

Mais avec des connaissances, les bons outils et de bonnes habitudes, vous pouvez éviter ces pièges et naviguer en toute confiance. Internet est rempli de portes — assurez-vous simplement de ne pas ouvrir les mauvaises.

Un Seul Clic

Carlos était graphiste et travaillait tard dans la nuit. Il venait de terminer un gros projet et cherchait en ligne des packs de polices gratuits afin d'améliorer sa prochaine présentation. Il trouva un blog intitulé « Top 50 des Polices Gratuites pour Créatifs » et cliqua avec enthousiasme.

Le site se chargea rapidement et semblait propre — beaucoup de contenu orienté design, des images d'exemple et un grand bouton vert affichant :

« Cliquez Ici pour Télécharger Toutes les Polices au Format ZIP. »

Sans hésiter, Carlos cliqua.

Son ordinateur ne montra aucun signe immédiat de problème. Le fichier fut téléchargé. Il le décompressa et vit des dizaines de dossiers portant des noms de polices. Mais un fichier attira son attention : un fichier .EXE nommé « FontInstaller ». Pensant qu'il s'agissait simplement d'un outil pratique pour installer toutes les polices d'un coup, il l'exécuta.

C'est à ce moment que tout commença à mal tourner.

D'abord, son navigateur se figea. Puis il planta. Quelques minutes plus tard, des fenêtres pop-up apparurent — messages parlant d'infections virales, fausses alertes demandant d'appeler un numéro d'assistance technique et publicités surgissant partout, même lorsqu'il n'était plus connecté à Internet.

Confus et paniqué, Carlos redémarra son ordinateur portable. Mais le démarrage était désormais plus lent. Son fond d'écran avait changé. Son antivirus était désactivé. Sa messagerie était déconnectée. Quelque chose n'allait pas.

Il appela un ami travaillant dans l'informatique, qui identifia rapidement le problème : Carlos avait installé sans le savoir un adware, un spyware et probablement un keylogger. L'installateur était un cheval de Troie — un logiciel malveillant déguisé en outil utile.

Son ami lança des diagnostics et, ensemble, ils supprimèrent la plupart des fichiers infectés. Mais les dégâts étaient déjà faits.

Au cours des jours suivants, Carlos reçut des alertes de sa banque concernant des tentatives de connexion depuis des pays étrangers. Son compte PayPal fut temporairement bloqué après une activité suspecte. Des e-mails furent envoyés depuis son adresse personnelle avec des liens qu'il n'avait jamais partagés. Certains de ses mots de passe enregistrés avaient été compromis, et son navigateur continuait de le rediriger vers des sites étranges — même après le nettoyage.

Ce qui le choqua le plus fut la rapidité et la discrétion avec lesquelles tout s'était produit. Un seul clic. Voilà tout ce qu'il avait fallu. Le site n'était même pas un portail douteux du dark web. C'était un blog bien conçu avec un excellent classement sur Google. Mais le bouton de téléchargement était faux — et dangereux.

Déterminé à ne plus jamais revivre cela, Carlos changea complètement ses habitudes numériques :

Il ne téléchargea plus jamais de fichiers provenant de sites inconnus.

Il utilisa VirusTotal pour analyser chaque lien et fichier avant ouverture.

Il installa uBlock Origin et NoScript dans son navigateur.

Il s'abonna à un antivirus réputé avec surveillance en temps réel.

Et il cessa de rechercher des « raccourcis gratuits » cachant des coûts invisibles.

Carlos apprit également à passer sa souris sur chaque lien avant de cliquer. Il comprit qu'un e-mail ou un site apparemment inoffensif pouvait cacher un piège. À partir de ce moment, il adopta une politique de méfiance jusqu'à vérification.

Il commença à raconter son histoire à ses clients et amis – surtout à ceux qui cliquaient trop vite. « Si un bouton clignote et semble urgent, c'est probablement un piège », disait-il. « Il vaut mieux manquer une belle police que perdre toute sa vie numérique. »

Cette expérience lui coûta du temps, de l'énergie et temporairement la confiance de certains clients – mais elle lui enseigna une leçon durable. Les menaces les plus dangereuses ne sont pas toujours évidentes. Elles se déguisent souvent en cadeaux, outils ou téléchargements gratuits.

Désormais, chaque fois que Carlos ouvre son navigateur, il le fait avec un peu plus de prudence — et beaucoup plus de sagesse.

Chapitre 8 : Sécurisez Vos Comptes en Ligne Avec des Mots de Passe Forts et l'Authentification à Deux Facteurs

Vos mots de passe sont les clés de votre vie numérique. Ils protègent vos e-mails, réseaux sociaux, comptes bancaires, espaces de stockage cloud et même votre travail. Pourtant, la plupart des gens utilisent encore des mots de passe faibles, réutilisés ou faciles à deviner — et un seul mot de passe compromis peut provoquer un effondrement total de votre sécurité numérique.

Dans ce chapitre, vous apprendrez à créer et gérer des mots de passe solides et sécurisés, à éviter les erreurs courantes et à utiliser l'authentification à deux facteurs (2FA) afin d'ajouter une couche supplémentaire de protection qui rend l'accès à vos comptes beaucoup plus difficile pour les attaquants.

Pourquoi la Sécurité des Mots de Passe Reste la Priorité Numéro 1

Malgré les avancées des outils de cybersécurité, le vol de mots de passe demeure le point d'entrée le plus fréquent des cybercriminels. Pourquoi ? Parce que :

Les gens réutilisent les mêmes mots de passe sur plusieurs comptes.

Les mots de passe sont souvent stockés dans les navigateurs sans véritable chiffrement.

De nombreux mots de passe peuvent être devinés via des attaques par force brute ou de l'ingénierie sociale.

Les violations de données exposent régulièrement des millions d'identifiants de connexion revendus ensuite sur le dark web.

Une fois qu'un pirate obtient l'accès à votre messagerie, il peut réinitialiser les mots de passe de presque tous les autres comptes que vous possédez.

Caractéristiques d'un Mot de Passe Fort

Un mot de passe fort n'est pas seulement long — il doit être aléatoire, complexe et unique.

Les meilleurs mots de passe :

Comportent au moins 12 à 16 caractères.

Incluent des lettres majuscules et minuscules, des chiffres et des caractères spéciaux.

Ne contiennent pas d'informations personnelles comme votre nom, date de naissance ou nom d'animal.

Ne sont pas des mots ou expressions faciles à trouver dans un dictionnaire.

Exemple de mot de passe faible : Summer2024

Exemple de mot de passe fort : R@w7#LpV!e3zQ!9m

Si vous pensez pouvoir mémoriser des dizaines de mots de passe de ce type — ce n'est pas le but. C'est précisément pour cela que les gestionnaires de mots de passe existent.

Gestionnaires de Mots de Passe : Votre Coffre-Fort Numérique

Un gestionnaire de mots de passe est un outil sécurisé qui crée, stocke et remplit automatiquement des mots de passe uniques et robustes pour tous vos comptes. Vous n'avez besoin de mémoriser qu'un seul mot de passe maître pour accéder à votre coffre-fort numérique.

Parmi les meilleurs gestionnaires de mots de passe :

Bitwarden (gratuit et open source)

1Password

Dashlane

NordPass

Keeper

Ces outils chiffrent vos données de bout en bout et stockent vos identifiants dans le cloud ou localement selon vos préférences. Beaucoup proposent également des rapports sur la santé des mots de passe, une surveillance des violations de données et un stockage sécurisé de notes confidentielles.

L'utilisation d'un gestionnaire de mots de passe réduit considérablement les risques de devenir victime d'attaques de type credential stuffing ou force brute.

Authentification à Deux Facteurs (2FA) : Votre Garde du Corps Numérique

Même si votre mot de passe est volé, le 2FA peut arrêter les pirates immédiatement. Il nécessite une seconde forme d'identification — quelque chose que vous seul possédez.

Il existe plusieurs types :

Applications TOTP (mots de passe temporaires) : utilisent des applications comme Google Authenticator, Authy ou Microsoft Authenticator pour générer des codes temporaires.

Authentification par notification push : vous recevez une demande d'approbation sur votre téléphone via des services comme Duo ou Okta.

2FA par SMS : vous recevez un code par message texte. Mieux que rien, mais moins sécurisé car vulnérable aux attaques de type SIM swapping.

Clés matérielles : des appareils comme YubiKey ou Titan Security Key offrent le niveau de sécurité le plus élevé. Ils se branchent à votre appareil ou fonctionnent via NFC.

Comment Sécuriser Vos Comptes Étape par Étape

1. Utilisez un Gestionnaire de Mots de Passe
   Installez-en un, créez un mot de passe maître solide et ajoutez vos comptes manuellement ou via importation.
2. Changez d'Abord Vos Mots de Passe les Plus Faibles
   Commencez par votre messagerie, votre banque, votre cloud et vos comptes professionnels — puis passez aux réseaux sociaux et sites d'achat.
3. Activez le 2FA sur Tous les Comptes Critiques
   Commencez par votre e-mail, puis vos comptes financiers et plateformes cloud comme Dropbox, Google ou Apple.

4. Attention au Phishing Lors des Connexions
   Vérifiez toujours les URL avant de vous connecter — les pirates adorent créer de fausses pages de connexion. Évitez de cliquer sur des liens de connexion dans les e-mails.
5. Évitez d'Enregistrer Vos Mots de Passe dans le Navigateur
   Ils sont beaucoup plus faciles à extraire qu'on ne le pense. Les gestionnaires de mots de passe sont bien plus sécurisés.

Comment Vérifier si Vos Données Ont Été Compromises

Utilisez un outil comme Have I Been Pwned afin de vérifier si votre adresse e-mail ou vos mots de passe apparaissent dans des violations de données publiques.

Si vos données apparaissent :

Changez immédiatement ce mot de passe.

Ne le réutilisez nulle part ailleurs.

Activez le 2FA si ce n'est pas déjà fait.

Réflexions Finales

Vos comptes ne sont protégés qu'à hauteur de votre mot de passe le plus faible. Aujourd'hui, il ne suffit plus de compter sur sa mémoire ou d'espérer ne pas devenir une cible. Vous êtes déjà une cible.

Mais avec une stratégie solide de mots de passe et l'authentification à deux facteurs, vous pouvez fermer la porte aux cyberattaques les plus courantes — et les plus destructrices.

Vous n'avez pas besoin de mémoriser tous vos mots de passe. Vous avez simplement besoin des bons outils, du bon état d'esprit et de la discipline nécessaire pour faire de la sécurité une habitude — et non une réflexion de dernière minute.

Le Mot de Passe Qui a Tout Ouvert

Jenna était propriétaire d'une boutique en ligne prospère qu'elle gérait entièrement depuis son ordinateur portable. Inventaire, commandes, listes d'e-mails, systèmes de paiement — tout était connecté. Son installation numérique était élégante, mais sa stratégie de mot de passe ? Beaucoup moins.

Son mot de passe favori — Jenna1987! — était une combinaison créée des années auparavant à partir de son prénom et de son année de naissance avec un point d'exclamation ajouté à la fin. Facile à retenir. Elle l'utilisait partout : e-mail, Shopify, PayPal, Instagram et même son compte d'hébergement web.

C'était pratique.

Jusqu'au jour où cela ne le fut plus.

Un vendredi après-midi, Jenna reçut un e-mail provenant apparemment de son hébergeur web, affirmant que son domaine allait expirer. Le message lui demandait de se connecter immédiatement pour renouveler son abonnement. Le lien semblait légitime. Le logo était correct. L'adresse e-mail paraissait officielle.

Sans réfléchir, elle cliqua sur le lien et saisit ses identifiants.

Ce n'était pas le site de son hébergeur.

En quelques minutes, le véritable tableau de bord de son hébergement fut consulté depuis une adresse IP inconnue. L'attaquant modifia les paramètres DNS, redirigea le site vers une fausse page de paiement et commença à collecter les numéros de carte bancaire de ses clients.

Lorsque Jenna remarqua enfin le problème — après qu'un client fidèle lui eut envoyé un message demandant : « Ton site est en panne ? » — il était déjà trop tard.

Elle tenta de se connecter, mais son mot de passe ne fonctionnait plus.

Pire encore, sa messagerie avait également été verrouillée. L'attaquant avait utilisé le même mot de passe pour accéder à sa boîte e-mail, lui donnant ainsi le contrôle total des demandes de réinitialisation de mot de passe pour tous ses autres comptes.

Puis le cauchemar s'intensifia.

Son compte Stripe fut compromis, deux commandes furent remboursées vers des comptes bancaires étrangers et son compte Instagram se mit à publier du spam lié aux cryptomonnaies. Un seul mot de passe volé avait suffi à détruire toute son activité.

Il fallut une semaine entière à Jenna pour reprendre le contrôle.

Elle dut prouver son identité pour récupérer ses comptes d'hébergement et de paiement. Elle envoya des avis de remboursement, présenta ses excuses aux clients confus et désactiva temporairement son site web. Il fallut des mois pour reconstruire la confiance. Certains clients ne revinrent jamais.

Mais Jenna refusa de laisser cette crise être inutile. Elle reconstruisit plus intelligemment.

Elle passa à Bitwarden, généra des mots de passe uniques de 20 caractères pour chaque compte et activa l'authentification à deux facteurs partout. Plus de réutilisation de mots de passe. Plus de sauvegarde des identifiants dans le navigateur. Plus jamais cette pensée : « Ça ne m'arrivera pas. »

Elle acheta également une YubiKey pour ses comptes les plus sensibles — quelque chose qu'aucun pirate ne pouvait deviner ou intercepter. Sa messagerie, sa banque et son tableau de bord Shopify étaient désormais verrouillés plus solidement que jamais.

Et lorsqu'un ami lui demanda : « Ce n'est pas beaucoup de travail ? », elle répondit sans hésitation :

« Ce n'est rien comparé au travail nécessaire pour reconstruire toute mon entreprise depuis zéro. »

Aujourd'hui, lorsque Jenna enseigne à d'autres entrepreneurs comment développer leurs boutiques en ligne, elle commence toujours par la cybersécurité. Elle partage son histoire non par honte, mais comme un avertissement : votre entreprise n'est protégée qu'à hauteur de votre mot de passe le plus faible.

Il suffit d'une connexion paresseuse — d'une seule clé réutilisée — pour qu'une personne s'introduise et prenne tout.

Chapitre 9 : Nettoyer et Sécuriser Votre Empreinte Numérique

Chaque action que vous effectuez en ligne — chaque recherche, chaque connexion, chaque publication sur les réseaux sociaux — laisse derrière elle une trace numérique. Il s'agit de votre empreinte numérique, et avec le temps, elle devient un profil puissant que d'autres personnes (annonceurs, entreprises, gouvernements et cybercriminels) peuvent utiliser pour vous suivre, vous cibler et vous manipuler.

Dans ce chapitre, vous apprendrez à identifier, réduire et sécuriser votre empreinte numérique afin de protéger votre vie privée, limiter l'exposition indésirable et prévenir de futures violations de données. Considérez cela comme un grand nettoyage de printemps pour votre vie en ligne.

Qu'est-ce qu'une Empreinte Numérique ?

Votre empreinte numérique comprend toutes les données qui existent à votre sujet sur Internet — qu'elles soient collectées passivement ou partagées activement.

Collecte Passive de Données :

Historique de navigation

Adresse IP et géolocalisation

Empreinte numérique de l'appareil

Cookies et traqueurs provenant des sites web et applications

Recherches enregistrées par les moteurs de recherche

Partage Actif :

Publications, photos et identifications sur les réseaux sociaux

Forums publics, commentaires de blogs ou avis

Profils de comptes sur les sites de shopping, applications et outils

Adresses e-mail, noms d'utilisateur et biographies

Avec le temps, votre empreinte peut révéler vos habitudes de localisation, vos croyances, votre comportement financier, vos préoccupations médicales et bien plus encore.

Pourquoi Cela Est Important

Votre empreinte numérique influence :

Les publicités ciblées et la manipulation algorithmique

Les risques de sécurité — d'anciens comptes peuvent être piratés ou utilisés pour du phishing

Les fuites de confidentialité — le partage excessif vous rend vulnérable au vol d'identité

Votre réputation — des publications inappropriées ou anciennes peuvent nuire à votre image

Les courtiers en données — des entreprises collectent et revendent vos informations personnelles à des tiers

Plus vous laissez d'informations exposées, plus il devient facile pour quelqu'un de vous exploiter — qu'il s'agisse d'un marketeur, d'un escroc ou d'un cybercriminel.

Comment Nettoyer Votre Empreinte Numérique

1. Recherchez-Vous Vous-Même
   Utilisez des moteurs de recherche pour rechercher votre nom, vos noms d'utilisateur, votre numéro de téléphone et vos adresses e-mail. Voyez quelles informations publiques apparaissent. Essayez le mode navigation privée ou plusieurs moteurs de recherche afin d'obtenir des résultats plus larges.
2. Supprimez ou Désactivez les Anciens Comptes
   Beaucoup de personnes oublient les comptes créés il y a

des années. Utilisez JustDelete.me afin de trouver des liens directs vers les pages de suppression de comptes sur des centaines de plateformes. Priorisez les comptes :

Que vous n'utilisez plus

Contenant des données personnelles ou financières

Liés à des forums publics ou réseaux sociaux

3. Retirez Vos Informations des Sites de Courtiers en Données
   Utilisez des services comme DeleteMe, Privacy Bee ou OneRep afin de supprimer vos informations de sites comme Spokeo, Whitepages et PeopleFinder. Vous pouvez aussi effectuer les demandes manuellement, mais cela demande beaucoup de temps.
4. Renforcez la Confidentialité de Vos Réseaux Sociaux
   Examinez vos paramètres de confidentialité sur Facebook, Instagram, LinkedIn et X (anciennement Twitter). Rendez vos publications visibles uniquement par vos amis. Désactivez l'indexation publique de votre profil. Déconnectez les applications tierces.
5. Supprimez les Applications Inutilisées
   Chaque application est un outil de collecte de données. Si vous ne l'avez pas utilisée depuis 90 jours,

désinstallez-la. Vérifiez les autorisations des applications sur votre téléphone et retirez l'accès aux contacts, à la localisation et au stockage lorsque cela n'est pas nécessaire.

6. Utilisez des Adresses E-mail Alias et des Comptes Temporaires
   Inscrivez-vous sur les sites non critiques avec des adresses e-mail alias (par exemple via ProtonMail ou « Hide My Email » d'Apple). Cela protège votre adresse principale et réduit le spam.

Habitudes Permanentes d'Hygiène Numérique

Nettoyer votre empreinte numérique n'est pas une tâche ponctuelle — c'est un processus continu. Voici quelques habitudes essentielles :

Auditez vos comptes chaque trimestre — examinez quelles applications, services et plateformes possèdent encore vos données.

Supprimez régulièrement les cookies du navigateur — ou utilisez le mode navigation privée pour les recherches sensibles.

Évitez de trop partager — surtout concernant votre localisation, vos voyages ou vos achats.

Utilisez des moteurs de recherche comme DuckDuckGo qui ne vous suivent pas.

Installez des outils de confidentialité comme uBlock Origin, Privacy Badger et Decentraleyes.

Activez le 2FA et utilisez des mots de passe robustes sur tous les comptes importants.

Conseil Bonus : Utilisez une « Persona Numérique » pour les Activités Publiques

Si vous dirigez une entreprise ou participez à des forums publics, envisagez l'utilisation d'une identité numérique séparée :

Adresse e-mail différente

Variation différente de votre nom

Profil de navigateur séparé

Aucune connexion avec vos comptes privés

Cela vous permet de participer publiquement sans exposer votre identité principale.

Réflexion Finale

À l'ère numérique, vous êtes vos données. Et si vous ne les gérez pas, quelqu'un d'autre le fera – généralement pour le profit ou le contrôle.

En nettoyant et réduisant votre empreinte numérique, vous reprenez le contrôle de votre identité, minimisez les risques de sécurité et créez une vie numérique plus calme et plus sûre. Voyez cela comme du minimalisme numérique : ne gardez que ce qui vous sert réellement, et supprimez le reste.

Votre présence en ligne devrait travailler pour vous – et non contre vous.

Les Fantômes des Anciens Comptes

Tanya avait toujours été très active en ligne – à l'époque de MySpace, des anciens blogs, des sites de shopping, des forums de voyage, d'une douzaine de comptes Gmail et peut-être même de quelques profils de rencontres oubliés. Mais comme beaucoup de personnes, elle n'avait jamais réfléchi à la trace qu'elle laissait derrière elle.

Jusqu'au jour où tout revint la hanter.

Tout commença par un appel étrange de sa société de carte bancaire. Quelqu'un avait tenté d'ouvrir un compte magasin à son nom dans un autre État. Puis elle reçut un e-mail étrange affirmant que le mot de passe d'un service qu'elle ne se souvenait même plus avoir utilisé avait été modifié.

Suspicion éveillée, Tanya commença à rechercher son nom sur Internet.

Ce qu'elle trouva la bouleversa.

Il y avait des photos datant de plus de dix ans sur un ancien blog qu'elle n'avait plus utilisé depuis l'université. Son nom complet, sa date de naissance et sa ville étaient visibles sur un profil de forum encore indexé par Google. Elle retrouva aussi un avis publié des années auparavant sur un site de voyage indiquant exactement l'hôtel où elle avait séjourné ainsi que les dates de son voyage — accompagné de son adresse e-mail publique. Pris séparément, rien de tout cela ne semblait grave. Mais ensemble, ces informations constituaient une véritable mine d'or.

Elle découvrit également son nom dans l'annuaire d'un courtier en données, accompagné des noms de ses proches, de ses anciennes adresses et même d'une estimation de ses revenus. Un autre site répertoriait tous les comptes de réseaux sociaux liés à ses adresses e-mail — même ceux qu'elle avait oubliés depuis longtemps.

Cette nuit-là, Tanya ne dormit pas.

Le lendemain matin, elle se mit immédiatement au travail.

Elle commença à supprimer des comptes. Elle utilisa un outil appelé JustDelete.me afin de trouver des liens directs vers les pages de suppression de comptes. Certains furent faciles à supprimer — quelques clics suffisaient. D'autres demandèrent du temps. Elle dut réinitialiser des mots de passe, attendre des codes de vérification et parfois envoyer des e-mails au support afin de demander la suppression de comptes.

Elle s'abonna également à un service de suppression de données qui envoyait des demandes de retrait à des dizaines de courtiers en données en son nom. Cela coûtait de l'argent, mais elle considéra que la tranquillité d'esprit en valait la peine.

Ensuite, Tanya examina les paramètres de confidentialité de ses réseaux sociaux. Son profil Facebook était public depuis des années — publications, photos, liste d'amis, tout était visible. Elle renforça ses paramètres de confidentialité, supprima les identifications publiques et effaça des albums qui n'avaient plus aucune utilité.

Elle changea son moteur de recherche par défaut pour DuckDuckGo, installa uBlock Origin et Privacy Badger et commença à naviguer de façon plus privée. Elle créa des adresses e-mail alias pour les achats et abonnements, séparant ainsi ces activités de ses communications personnelles. Elle examina les identifiants enregistrés dans son navigateur et supprima ceux qu'elle ne reconnaissait pas.

À la fin de la semaine, Tanya avait supprimé plus de 30 anciens comptes, effacé son nom de dizaines de pages indexées et avait enfin l'impression de reprendre le contrôle de son identité numérique.

Mais elle ne s'arrêta pas là.

Elle transforma cela en habitude trimestrielle — rechercher son nom, nettoyer les nouveaux débris numériques et maintenir une présence en ligne volontaire et minimaliste.

Lorsque son amie Amanda lui demanda pourquoi elle se donnait autant de mal, Tanya répondit :

« Chaque donnée est une miette de pain. Une ou deux ne comptent pas vraiment — mais si vous en laissez suffisamment, quelqu'un peut les suivre jusqu'à votre porte. »

Tanya n'a pas quitté Internet. Elle l'utilise toujours tous les jours. Mais désormais, elle l'utilise selon ses propres règles.

Les fantômes de ses anciens comptes ne hantent plus sa boîte de réception, ses résultats de recherche ou sa tranquillité d'esprit. Ils ont disparu — supprimés, oubliés et devenus sans importance. Et à leur place se trouve quelque chose qu'elle n'avait plus ressenti depuis des années : le contrôle.

Chapitre 10 : Créer un Plan de Cybersécurité à Long Terme

À ce stade, vous avez appris à naviguer en toute sécurité, à protéger vos e-mails, à repérer les tentatives de phishing, à sécuriser vos appareils et à nettoyer votre empreinte numérique. Mais la cybersécurité n'est pas une solution ponctuelle — c'est un mode de vie. Comme la santé physique ou la stabilité financière, la sécurité numérique nécessite un plan, des habitudes régulières et un état d'esprit d'amélioration continue.

Dans ce dernier chapitre, nous allons rassembler tous les éléments abordés précédemment afin de vous aider à créer une stratégie de cybersécurité à long terme — un système pratique qui protège vos données personnelles, s'adapte aux nouvelles menaces et vous permet d'utiliser Internet avec confiance pendant de nombreuses années.

Étape 1 : Identifier Vos Actifs Numériques et Vos Risques

Commencez par vous poser la question : qu'est-ce que je dois protéger ?

La vie numérique de chacun est différente, mais voici quelques actifs courants :

Adresse e-mail principale (liée à presque tous les autres comptes)

Comptes financiers (banque, investissements, portefeuilles crypto)

Comptes professionnels (fichiers clients, plateformes d'équipe, e-mails)

Stockage cloud (Google Drive, Dropbox, iCloud)

Appareils (ordinateurs portables, téléphones, tablettes)

Profils de réseaux sociaux

Noms de domaine ou sites web

Mots de passe et identifiants d'accès

Une fois les éléments importants identifiés, évaluez les risques : que se passerait-il si chacun de ces éléments était piraté, supprimé ou divulgué ? Cela vous aidera à prioriser vos efforts de protection.

Étape 2 : Mettre en Place une Sécurité Multicouche

La sécurité est plus efficace lorsqu'elle repose sur plusieurs couches. Un seul outil ne suffit pas — mais cinq couches intelligentes peuvent vous rendre extrêmement difficile à compromettre.

Voici les couches essentielles :

Mots de passe forts et uniques pour chaque compte

Authentification à deux facteurs (2FA)

Gestionnaire de mots de passe afin d'éviter la réutilisation

VPN pour les réseaux publics ou non fiables

Antivirus et logiciels anti-malware

Configuration de navigateur axée sur la confidentialité (Brave ou Firefox avec extensions)

Chiffrement complet des appareils

Stockage cloud sécurisé avec partage limité

Pare-feu activé (sur le routeur et les appareils)

Mises à jour logicielles régulières

Considérez chaque couche comme une porte verrouillée. Plus un pirate doit franchir de portes, moins il a de chances de réussir.

Étape 3 : Créer une Routine Mensuelle et Trimestrielle

Tout comme vérifier ses finances ou nettoyer sa maison, la cybersécurité fonctionne mieux lorsqu'elle est pratiquée régulièrement. Voici un calendrier simple à suivre :

Tâches Mensuelles :

Vérifier les mises à jour logicielles et du navigateur

Auditer les applications et extensions récemment installées

Lancer une analyse anti-malware sur tous les appareils

Supprimer les cookies, le cache et l'historique du navigateur

Examiner les journaux d'activité du VPN et du gestionnaire de mots de passe

Tâches Trimestrielles :

Changer les mots de passe maîtres des comptes clés

Vérifier tous les paramètres 2FA et les codes de secours

Rechercher votre nom et votre e-mail sur Google et les outils de violations de données

Supprimer les comptes et applications inutilisés

Mettre à jour le chiffrement des appareils et sauvegarder vos fichiers

Programmez des rappels dans votre calendrier afin que cela fasse partie de votre entretien personnel ou professionnel régulier.

Étape 4 : Se Préparer au Pire (Avant Que Cela N'Arrive)

La plupart des gens n'envisagent un plan de réponse qu'après une violation de sécurité. Ne soyez pas cette personne.

Créez un Plan d'Urgence Cyber :

Sauvegardez tout (utilisez la règle de sauvegarde 3-2-1 : 3 copies, 2 types de stockage, 1 hors site)

Conservez hors ligne les documents importants et les codes de récupération 2FA

Sachez comment verrouiller vos comptes bancaires, votre téléphone et vos e-mails en cas de compromission

Entraînez-vous à restaurer vos sauvegardes afin de ne pas paniquer en cas de catastrophe

Gardez une copie imprimée des contacts d'urgence et informations d'accès essentielles (stockée en sécurité)

Étape 5 : Continuer à Apprendre et Rester Informé

Les menaces cyber évoluent constamment. Gardez une longueur d'avance en :

Suivant des sites d'actualité cybersécurité comme Krebs on Security, ThreatPost ou CyberScoop

Surveillant les nouvelles tendances de phishing et les arnaques signalées par la FTC ou HaveIBeenPwned

Suivant des formations ou mini-cours gratuits en cybersécurité disponibles en ligne

Enseignant ce que vous apprenez à votre famille, vos enfants ou collègues — ils sont souvent le maillon faible

Plus vous êtes informé, moins vous êtes vulnérable.

Étape 6 : Simplifier Grâce à une Boîte à Outils

Créez un ensemble d'outils de référence que vous installez sur chaque appareil ou recommandez aux autres :

Boîte à Outils Essentielle :

Bitwarden (gestionnaire de mots de passe)

Authy (gestion du 2FA)

NordVPN ou ProtonVPN (VPN)

Brave ou Firefox avec uBlock Origin et Privacy Badger

Malwarebytes ou Bitdefender (anti-malware)

DuckDuckGo (moteur de recherche privé)

ProtonMail ou Tutanota (e-mail sécurisé)

NextDNS ou Cloudflare 1.1.1.1 (DNS axé sur la confidentialité)

Conservez une liste de vos outils, paramètres et procédures de sauvegarde dans un fichier sécurisé — et sauvegardez également ce fichier.

Réflexion Finale

La cybersécurité n'est pas une question de peur. C'est une question de liberté grâce à la vigilance.

Internet peut renforcer votre carrière, vos relations, votre créativité et votre mode de vie — mais seulement si vous l'utilisez intelligemment. Avec les bons systèmes en place, vous pouvez explorer, créer, partager et évoluer sans craindre que chaque clic représente une menace.

En construisant un plan de cybersécurité à long terme, vous ne vous protégez pas seulement aujourd'hui — vous protégez également votre avenir.

Vous n'avez pas besoin d'être parfait. Vous devez simplement garder une longueur d'avance.

La Violation Qui a Tout Changé

Mark se considérait comme quelqu'un de compétent en technologie. Il dirigeait une entreprise de commerce électronique prospère, gérait une petite équipe à distance et travaillait avec des clients répartis dans plusieurs fuseaux horaires. Il n'était pas expert en cybersécurité, mais il pensait avoir du bon sens — du moins le croyait-il.

Ce n'est que le jour où le compte PayPal de son entreprise fut piraté qu'il réalisa à quel point il était vulnérable.

La violation se produisit discrètement. Aucun signal d'alarme. Aucun avertissement.

Un matin, Mark ouvrit sa boîte de réception et vit un e-mail confirmant un transfert de 6 000 dollars. Le message était authentique — envoyé depuis le compte PayPal professionnel de son entreprise — mais il n'avait jamais initié cette transaction. En se connectant, il découvrit trois autres transferts en attente vers des fournisseurs étrangers. En quelques minutes, il contacta l'assistance et fit geler le compte, mais 6 000 dollars avaient déjà disparu.

Au départ, il pensa que quelqu'un avait deviné son mot de passe. Pourtant, il considérait son mot de passe comme solide : MarketBiz2022!

Mais ce mot de passe avait été réutilisé — il servait aussi pour un outil de réseaux sociaux compromis plusieurs mois auparavant. Cette violation avait exposé la combinaison de son adresse e-mail et de son mot de passe, que des pirates avaient ensuite testée automatiquement sur plusieurs plateformes. Et cela fonctionna sur PayPal.

Mark était furieux contre lui-même.

Son mot de passe semblait correct, mais il était dupliqué. Il n'avait jamais activé le 2FA sur PayPal. Et pire encore, sa messagerie — la clé de tout — utilisait le même mot de passe. L'attaquant y accéda brièvement afin de réinitialiser les identifiants de deux outils clients.

Il se lança immédiatement dans une course contre la montre. Changement de tous les mots de passe. Activation du 2FA sur tous les comptes. Inscription à un gestionnaire de mots de passe et remplacement progressif de chaque identifiant faible.

Il activa également des verrouillages biométriques sur tous ses appareils et installa un VPN afin de chiffrer ses connexions pendant ses déplacements.

Mais cela ne s'arrêta pas là.

Mark créa ce qu'il appela un « plan de résilience numérique ». Il commença à sauvegarder ses appareils chaque semaine. Il créa une feuille de calcul chiffrée et stockée hors ligne contenant ses codes de récupération et ses clés de sécurité. Il programma des contrôles mensuels de cybersécurité avec son équipe et leur enseigna tout ce qu'il avait appris.

Il alla même plus loin en organisant un « exercice d'urgence numérique ». Toute son équipe s'entraîna à savoir quoi faire si leurs comptes étaient compromis — qui appeler, quels comptes bloquer et comment communiquer de manière sécurisée.

Mark comprit que la cybersécurité n'est pas quelque chose que l'on gère après une crise. C'est quelque chose que l'on prépare avant qu'elle n'arrive.

En repensant à cette expérience, il réalisa que la violation lui avait coûté bien plus que de l'argent. Elle lui avait coûté du temps, de la confiance et de la concentration. Mais elle lui avait aussi apporté quelque chose de plus précieux : un système.

Il ne comptait plus sur la chance ou les suppositions. Il construisit un plan de sécurité multicouche. Il renforça son navigateur, désactiva le remplissage automatique, arrêta de stocker ses mots de passe dans Chrome et commença à les renouveler tous les 90 jours.

Lorsque son ami Jacob — fondateur d'une startup — lui demanda si tout cet effort en valait vraiment la peine, Mark répondit :

« Vous pouvez gérer une entreprise valant des millions et la perdre du jour au lendemain si vous laissez la porte déverrouillée. Maintenant, je vérifie chaque serrure — deux fois. »

La conclusion finale de Mark ?

Vous n'avez pas besoin d'être un génie de la technologie pour être en sécurité. Vous devez simplement être discipliné, constant et proactif. La cybersécurité n'est pas de la paranoïa — c'est de la préparation. Et si vous tenez à ce que vous avez construit, vous le protégez.

Parce que les menaces sont réelles. Mais votre capacité à les arrêter l'est aussi.

Il ne comptait plus sur la chance ou les suppositions. Il construisit un plan de sécurité multicouche : il renforça son navigateur, désactiva le remplissage automatique, arrêta de stocker ses mots de passe dans Chrome et commença à les renouveler tous les 90 jours.

Lorsque son ami Jacob — fondateur d'une startup — lui demanda si tout cet effort en valait vraiment la peine, Mark répondit :

« Vous pouvez gérer une entreprise valant des millions et la perdre du jour au lendemain si vous laissez la porte déverrouillée. Maintenant, je vérifie chaque serrure — deux fois. »

La conclusion finale de Mark ?

Vous n'avez pas besoin d'être un génie de la technologie pour être en sécurité. Vous devez simplement être discipliné, constant et proactif. La cybersécurité n'est pas de la paranoïa — c'est de la préparation. Et si vous tenez à ce que vous avez construit, vous le protégez.

Parce que les menaces sont réelles. Mais votre capacité à les arrêter l'est aussi.

La Défense Numérique Est une Pratique Quotidienne

Si vous êtes arrivé jusqu'ici, félicitations — vous avez fait un immense pas vers la sécurisation de votre vie numérique. En lisant ce livre, vous êtes allé bien au-delà d'une simple sensibilisation superficielle pour entrer dans le véritable monde de l'autodéfense numérique. Et la vérité est simple : la cybersécurité n'est pas réservée aux experts — elle concerne tout le monde.

Aujourd'hui, votre navigateur est votre agence bancaire. Votre messagerie est votre classeur personnel. Votre téléphone est votre pièce d'identité. Les frontières entre votre monde numérique et votre vie réelle n'existent plus. Tout est connecté — et tout est exposé à moins que vous ne choisissiez de le sécuriser.

Au cours des dix derniers chapitres, vous avez appris comment fonctionnent réellement les menaces les plus courantes : phishing, usurpation, suivi, logiciels espions, Wi-Fi non sécurisé, mots de passe faibles et comptes oubliés. Et vous avez appris à y répondre grâce à des outils, des systèmes et des habitudes qui vous redonnent le contrôle.

Mais ce voyage ne s'arrête pas ici.

Tout comme votre santé physique, la cybersécurité doit être entretenue. Vous vous brossez les dents chaque jour. Vous verrouillez votre porte d'entrée. Vous vérifiez vos relevés bancaires. La sécurité en ligne mérite la même régularité, la même attention et le même respect.

Aucun outil ne peut remplacer la vigilance. Aucune application ne peut vous protéger d'un clic précipité ou d'un avertissement ignoré. La technologie continuera d'évoluer — tout comme les tactiques de ceux qui cherchent à l'exploiter. C'est pourquoi votre état d'esprit est tout aussi important que vos outils.

Alors voici votre dernière liste de contrôle — l'état d'esprit d'une personne compétente en cybersécurité :

Je protège ce qui a de la valeur pour moi.

Je reste informé sans me laisser submerger.

Je mets à jour, je sauvegarde, je vérifie.

Je réfléchis avant de cliquer.

Je sais que la vie privée est une forme de pouvoir — et je choisis de la préserver.

Vous n'avez pas besoin d'être parfait. Vous n'avez pas besoin de chiffrer toute votre vie ni de mémoriser de longues chaînes de code. Mais vous devez suffisamment vous soucier de votre sécurité pour agir. Parce que la différence entre quelqu'un qui se fait pirater et quelqu'un qui ne se fait pas pirater tient souvent à une seule décision intelligente.

Activez l'authentification à deux facteurs. Utilisez un gestionnaire de mots de passe. Réfléchissez avant de cliquer. Vérifiez l'expéditeur. Mettez vos logiciels à jour. Enseignez à un ami ce que vous avez appris.

Parce que la cybersécurité ne consiste pas seulement à protéger vos appareils — elle consiste à protéger votre liberté, votre avenir et votre tranquillité d'esprit.

Que ceci soit votre point de bascule.

Vous n'êtes plus un utilisateur passif de la technologie — vous êtes désormais préparé.

Restez discret. Restez vigilant. Restez libre.

Et souvenez-vous : la défense la plus forte est celle qui est informée.

de code. Mais vous devez suffisamment vous soucier de votre sécurité pour agir. Parce que la différence entre quelqu'un qui se fait pirater et quelqu'un qui ne se fait pas pirater tient souvent à une seule décision intelligente.

Activez l'authentification à deux facteurs. Utilisez un gestionnaire de mots de passe. Réfléchissez avant de cliquer. Vérifiez l'expéditeur. Mettez vos logiciels à jour. Enseignez à un ami ce que vous avez appris.

Parce que la cybersécurité ne consiste pas seulement à protéger vos appareils – elle consiste à protéger votre liberté, votre avenir et votre tranquillité d'esprit.

Que ceci soit votre point de bascule.

Vous n'êtes plus un utilisateur passif de la technologie – vous êtes désormais préparé.

Restez instruit. Restez vigilant. Restez libre.

Et souvenez-vous : la défense la plus forte est celle qui est informée.

www.ingramcontent.com/pod-product-compliance
Lightning Source LLC
LaVergne TN
LVHW040521210926
848480LV00007BA/1535
9798256060589